あたかも壊れた世界

批評的、リアリズム的

小泉義之

青土社

あたかも壊れた世界　目次

あたかも壊れた世界　批評的、リアリズム的

はじめに

批評復権？

誤認かもしれないが、ひょっとして、批評的なものを書きたいと考えている若い人が増えているのだろうか。マンガ・小説・映画・音楽などを、読むこと、見ること、聴くことにとどまらず、その作品について何かを書くことを目指す若い人が増えているような気がする。いまの若い人には、これまで語られてこなかった何ごとかを言葉にもたらすことができるような感じがあるのかもしれない。誤認かもしれないが、そのような若い人がいると信じて、年長者として少しばかり世間的な話題について書きとめておく。

十代の私もそうであったが、若いときは、批評的なものを書けるようになりたいと思っても、どうすれば批評家なるものになることができるのかサッパリわからないものなので、どうしてもロール・モデルが必要になる。その役を果たしていたのは、小林秀雄、吉本隆明、とくに私の場合は、『近代文学』同人、宮本顕治、戸坂潤などであった。

私などは、小林秀雄は大学で途方もなく長い卒業論文を書いたらしいと聞いて、そうか、大学に行ってともかく長い卒業論文を書けば道が開かれるのだろうと思ったり、宮本顕治は大学在学時に芥川龍之介を敗北の文学者と評する論を張ったのを知って、そうか、挫折した有名作家にあえて野蛮に追い込みをかけるのが世に出るには効果的なのだろうと思ったり、戸坂潤は狭義の哲学研究だけをやっていたのが戦時抵抗の一環として社会評論を書き出したのを知って、ともかく大学だけは出ておいて、断固として闘っていればやがてその機会は訪れるのだろうと思ったりしていた。そして、当時、批評家になるための登竜門と見えていたのは、やはり文芸誌であった。その文芸誌に書けるようになるにはどうすればよいのか見当もつかなかったが、それはそのうち時が満ちれば、おのずとわかることだろうと思ったりしていた。

いまの若い人にとっては、蓮實重彥、柄谷行人、絓秀実、浅田彰、東浩紀、千葉雅也などがロール・モデルとなるであろうし、評論部門新人賞を設けている文芸誌に加えて、『現代思想』『ユリイカ』『ゲンロン』あたりが登竜門となるであろう。その類の目標を立てることに異を唱える向きもあるだろうが、目標となる人物が目立つ形で存在し、登竜門に見える発表場所が存在することは、その実態がどうであれ、批評界についてほとんど何も知らない若い人にとっては、とても大事なことである。目標や登竜門が存在するからこそ、別の経路もそれとして位置づけられるのであって、幾ばくかの権威を伴う道標があることはさして悪いことではなかろう。それは、学界における有名学者や学会誌の果たす機能とほとんど同じことであって、どんな形であれ世に知られる学者が存在し、幾ばくかの権威ある学会誌に書くことが研究者デビューの道として確立していることは悪いことではないといった程度のことである。とにもかくにも何らかの目安がないと、若い人の道行きは当て所がなくなってしまうわけであって、それは批評家や研究者への道に限らず、舞踏家への道にしても格闘家への道にしても同じことであろう。

もちろん、このような〈制度〉は、批評界も極小の局地的市場圏をなし、文化産業・ネット産業の下にあるがために成立していることである。だから、その限りで、市場経済と産業資本主義に付き物の競争・支配・搾取が伴っているし、別の言い方をすれば、（これは比喩だが）入会金やミカジメ料といった経済的なものや、嫉妬や阿諛追従といった精神的なものに付きまとわれもする。それもまた、舞踏界や格闘界と同じことであって、世間はそのようになっているとしか言いようがない。その類のことは、若い人がどんな人生経路を歩もうとも、思い知らされることでしかない。その点で批評界が特殊なわけではないのである。世間話はここまでにして、批評そのものについて考えるところを少し述べておく。

作品論の前提

作品を読むこと、作品を見ることは、私からするなら、鑑賞・受容・消費であるというよりは、経験の一部である。例えば、歌劇『椿姫』を見ることは、一つの経験である。では、それは何の経験であろうか。例えば、〈愛〉の経験である。強調しておきたいが、それを虚構の愛をめぐる疑似‐経験と言う必要はない。むしろ、言ってはいけないと思う。それは、端的に、リアルな愛の、リアルな経験である。その限りで、『椿姫』にはリアリティがある。どうしてか。われわれは、「実」生活の「実」経験でも、『椿姫』を見るときに経験するような愛を経験するからである。作品における愛の経験と現実における愛の経験は、本質的に異なってはいない。ともにリアルである。そして、そのような経験を可能にするものとして作品を読解することが、作品論の基本中の基本であると思う。もう少し説明を加えてみる。

『椿姫』の見所・聴き所は、ヒロインが、歌劇の最後の最後になって、死期が近づけば近づくほどに愛を歌い上げていくシーンである。よりによって肺結核で死にかけているヒロインが大声でアリアを歌い出すのだから、そのことだけにツッコミを入れるなら、現実にはありえない設定、フィクションも甚だしいトンデモなシーンであると言うしかない。しかし、多くの場合、われわれはそのような見方や聴き方をしない。そのとき、われわれは何を経験しているのか。〈死期が迫れば迫るほどに強まるが、そうであるからこそ決してこの世では成就しない〉ような、そのような愛を経験しているのである。しかも、それはヒロインに同一化しているかどうかとはまったく無関係に成立する経験である。そして、その経験はリアルである。しばしば軽侮される言い方をするなら、その経験は、現実の愛の経験を「反映」し「模写」しているからこそリアルである。まさか、と思われるだろうが、そのように言わざるをえない事態が成立しているのである。

実際、失恋ソングを考えてみるがよい。聴者は、失恋ソングを聴いて涙する経験に、現実のおのれの失恋経験を重ねている。聴者は、失恋ソングが現実の失恋経験を反映し模写していると経験しているのである。逆方向から言うなら、聴者は、失恋ソングの聴取経験を現実の経験へ「投射」し「投映」して、現実を反復的に経験し直しているのである。だから、失恋ソングの経験も現実の失恋経験もリアルであり、失恋ソングにはリアリティがある。失恋ソングは、その下らなさも含めて、リアルなのである。そのことに驚き、そのことを前提とするのでなければ、作品論は始まりようがないと思う。

そして、言うまでもなく、椿姫のアリアは失恋ソングの一種である。この場合、〈死の病の故にということで成就できないことを歌い上げる快楽をもって、現世で失われながらも、現世と来世の境で秘かに享受される〉ような、そのような愛の讃歌であるが、それについても、失恋ソングと同じ事態が成立している。失恋ソングの生き別れを、死に別れと読みかえれば、すぐに気づかれるはずだ。

実際、そのことを念頭に置いて、現実を見返してみるとよい。そうすれば、例えば、死期を前にした老人が、あらん限りの声を振り絞って愛の喪失と愛の獲得を歌っているのが聞こえてくるであろう。あるいはむしろ、周囲の人々が老人にそのような歌を歌わせたがっていることが、また、死期迫る人間の沈黙にこそその類の歌声を聴き取りたがっていることが、露骨なまでに見えてくるであろう。そして、翻って、われわれが椿姫（la traviata：堕落女）をしてそのような歌を歌わせたがっていることが、異様な光景として現われてくるであろう。そのように、椿姫のアリアは、恐ろしいほどに現実を反映し模写しているのであり、観劇者は、これまた恐ろしいほどにアリアを現実へと投射し投映して経験しているのである。このような認識こそが作品論の基本前提であると思うのである。もう少し進めてみる。

しばしば、「天下り」の批評が侮蔑されることがある。たしかに、どう見ても当該作品の内容と疎遠な用語を外から持ち込んで作品を疑似‐分析してみせる批評は昔から山ほどあるので、その侮蔑は当たっているのであるが、そのとき、侮蔑する人々にあっては、専門用語・学術用語を持ち込む事例にしか目が行っていない。学者のインテリ臭い批評は御免だと呟くだけなのである。しかし、本当に目を向けるべきは、作品論において、日常語に見える用語を持ち込むその持ち込み方である。「愛」を例にとろう。

ある作品を読んで、そこでは「愛」が(上手に/下手に)描かれていると評するとしよう。そのとき、批評に問われるのは、その「愛」なる語を、どれほど含みのある用語として持ち込んで使えるかどうかということである。誰もが知るように、愛には、さまざまな姿がある。そして、誰もが知るわけでも、誰もが認めるわけでもないが、愛には、憎しみが入り混じる愛もあれば、憎しみと本質的に区別のつかない愛もある。さらに、認める人はぐっと減るだろうが、不可避的に暴力性を孕むような愛もあれば、相手が死んで不在となることをもって成就するような愛もあれば、おのれの死を捧げることをもって証されるような愛もある。そんなものは愛ではないと言っても無駄である。愛の当否や愛の是非を云々する以前に、愛をめぐる道徳判断や利害判断や美醜判断を下す以前に、それらとは無関係に、そのような愛は厳然として存在し経験されているからだ。現にそのような愛を描く作品が存在するからだ。かくも愛にはさまざまな含みがあり、愛の振り幅は思いもよらぬほどに広いのであって、そこを見込んで「愛」を使用するとき、その「愛」は概念として使用されていると、あるいは、愛は概念化されていると言うことができる。そして、批評家は、「愛」を「天下り」で持ち込むにしても、愛を概念として使用するべきなのである。そのとき、作品の経験は、愛なる概念の経験になる。哲学用語を「天下り」で持ち込んでおくなら、私は、批評は、少なくともその出発点においては概念実在論（概念リアリズム）に立たざるをえないと考えるのである。

そして、実は、学術用語についても同じことが言えると私は考えている。例えば、アリストテレス以来の生命についての二つの概念であるビオスとゾーエー、最近ではジョルジョ・アガンベンが復権させたそれら二つの概念の使い方は、もちろんアリストテレスとアガンベンのテクスト（それも作品である）を読めば、ある程度は、ある範囲で習得することはできる。しかし、それ以上となると（応用や適用ということでもあるが）、なかなか難しいところがある。その限界を突破するには、さまざまな作品から、まさにビオスとゾーエーの概念の経験を学ぶ必要がある。そのとき、ようやく、われわれが、現実にビオスとゾーエーの区分を経験していることが見えてくる。本書でも、作品の読解でビオスとゾーエーを持ち込む場合があるが、それは決して「天下り」式に持ち込んでいるのではなく、その妥当性の程度は問い質されうるにしても、ここに述べたような意味での批評を試みているのである。

リアリズム復権

ここまで、私なりの「素朴」リアリズム的作品論について述べてきたのは、およそこの二十年ほど、種々のアプローチが交代して流行してきたあいだに、作品に内在する批評が軽侮されるだけでなく、かつてのリアリズム論争の諸論点がすっかり忘れ去られて、リアリズムに関連する諸概念が一方的に安直に否定されてきたことにあらためて気づかされたからである。二、三、触れておく。

例えば、「反映」というリアリズムの基本概念がある。反映は、ミメーシス（模倣）の系譜に立つ「由緒正しい」概念であるが、昨今の研究者や批評家の書き物を覗くと、反映論とは、作品について、作者の意図、時代の精神、大衆の意識を、あるいはまた、社会経済体制、下部構造を、そのまま鏡で写したかのように反映するものであると解釈する旧式の論法であり、さらには、そのことを作品の理想に据える教条的な論法であり、作品解釈を政治的に歪める暴力的な論法であると断ずる向きが多い。その類の断言が口移しのようにして繰り返されている。しかし、少しでも考えてほしいのだが、大した頁数もない一つの作品が、現実を〈あるがままに、ありのままに〉写しているとしたら、それこそ恐るべき達成であると言うべきであろう。ほとんど不可能なことであるとすら言うべきであろう。リアリズムを軽侮する人々は、この程度のことすらわかっていない。

写真は本質的にリアリズム芸術であって、いかに加工され抽象化された写真にもリアリティがあると私は考えているが、それにしても、写真が、現実の世界の一断面であってもそれを〈あるがままに、ありのままに〉写し撮っているとするなら、それは驚くべきことであるはずである。それこそ、大方の思い込みに反して、ほとんど不可能なことである。ところで、これは、リアリズムの立場を採るか採らないかにかかわらず、誰しも認めるはずだが、任意の写真は、現実の見方を創作し、現実世界の新たな見方を提示するものである。とするなら、写真を見る者は、その写真の像を現実に投映することによって、現実もまた像的に経験されることを見出すのであり、まさにそのことによって、写真のリアリティを証しているのである。それだけではない。ベルクソン『物質と記憶』のヴィジョンにしたがうなら、写真は、現実の世界に腹蔵された無数のイメージから取り出されたものであるからには、現実の世界は、すでに現に現像されたイメージ＝写真で出来上がっていると見ることができるのであって、写真がリアリティを持たざるをえないのは、まさに世界がそのように存在しているからなのであると言うことになる。同じことは、写真以外の作品についても言うことができる。世界は概念で出来上がっているから、作品は否応なくリアリティを有してしまうのである。もちろん、反映論をきちんと擁護するには、もっと多くの議論が必要であるが、反映概念の系譜に対する度し難い無知が、昨今の研究者と批評家を覆っていることは確かである。

リアリティ概念についても触れておきたい。これは可能世界論の「天下り」的使用による影響であると思うが、ある作品が、現実世界とは異なる可能世界をそれなりに整合的に描いているように見えるとき（「世界観」を「作り込む」「落とし込む」なる語り方である）、それにはリアリティがあると解されることが多くなっている。リアリティが可能性と等置されているのである。この態度の変形の一つが、ある固有名で指示されるような人物が、現実世界を含む複数の世界を横断して渡り歩くようになっていることによって、当該の登場人物を描く作品にはリアリティが保証されると解されることも多くなっている。すなわち、固有名の指示性によってリアリティが保証されるとする見方は存外に広まっている。私には、そのような理解のせいで、作品のリアリティが蒸発させられているとしか思えない。というより、作品のリアリティをそのような仕方では摑めていないことは、言っている当人もうすうす勘づいているのではないか。さしあたりの処方は簡単であって、言うところの可能性を、現実世界そのものの可能性と捉え直せばよいだけである。それが現実に投映されているからであると、あるいは、その逆に、反映が起こっているからであると捉えておけばよい。

このことに関連して、いまや普及して通俗化したメディア論的アプローチや形式主義的アプローチにも触れておこう。それらのアプローチは、あるジャンルの掟＝法や、ある作品の表現内容を可能にする条件を、また、それらの限界を定めてその不可能性を示す条件を、哲学用語で言いかえるなら、作品対象そのものと作品対象の経験の双方の可能性と不可能性の条件である超越論的な条件を、技術工学的・産業的にも規定可能なメディアや形式＝形態において探り出そうとするアプローチであった。現実には、そこから随分と簡略化されたアプローチに成り下がってきたが、思想史的に振り返るなら、超越論性を物質化するようなアプローチではあった。しかし、そのアプローチが通俗化するにつれ、ますます作品論は軽んじられてきたと言えるし、悪いことには、作品の内在的批評を抜きにしても、当該ジャンルの可能性と不可能性を見極めることができるからには作品論はもはや不要であるとばかりに片づけられ、いまどき作品論などに拘泥してもそれはオタク的な私秘的受容やインテリ的な深読みにしかならないと軽侮されてきたと言えるのである。このことで、結局のところ、作品のリアリティ、作品の経験、現実の経験を見る目が失われてきたのである。

以上、私なりの批評論を、昨今の風潮に抗して簡単に位置づけてみた。それはそれとしても、本書所収の作品論が、批評を志す若い人にとって、乗り越えるべき目安の一つとなれば幸いである。そして、本書所収の論考を書く機会を与えて下さった編集者の方々、とりわけ『ユリイカ』編集部の明石陽介氏、そして、諸論考を書物にまとめて下さった青土社編集部の菱沼達也氏に感謝申し上げたい。

第Ⅰ部　身体的

第1章

不安のビオス、恐怖のゾーエー

楳図かずお

原初的な恐怖

『少女フレンド』は手にしたことがなかったので、『少年マガジン』の「半魚人」が楳図かずお作品との最初の遭遇だったと思う。当時は怖かったが、今になって思うのは、どうやってその怖さを凌いだのかということである。冊子を閉じれば虚構だったことになるくらいは子どもでもわかっていたし、当時の教室では「へび女」や「半魚人」が冗談や仇名に流用されてもいた。子どもなりに怖さを凌ぐ護法を心得ていたわけである。その上で、今更に不思議に思うのは、楳図作品を手にする前に、どのようにそんな護法を身につけたのかということである。子どもが原初的に感じる怖さとはどんな恐怖で、どのように子どもはそれを凌ぐ護法を習得したのかということである。

この類の問いを立てて答えを捻り出すことは、不可避的に事後的な捏造になると繰り返し指摘されてきた。言葉習得以前に感じられたはずの原初的な恐怖を、言葉習得以後に言い表わしても言葉による汚染を免れないし、しかも言葉習得そのものが原初的な恐怖を凌ぐ護法の一つであるからには、「原初的な恐怖」なる言葉を持ち出した途端に、問われるべきものを取り逃がす次第になるというわけである。常に既に、私たちは、言葉をその一つとする護法に守られた安全な場所に立ってしまっているし、その護法の取り仕切る範囲を逃れ出ることができないからには、「原初的な恐怖」について語ろうとしても、せいぜい社会的に構築された物語やイメージを想像するにとどまるというわけである。

これが繰り返し言い立てられてきた事後性の論理の一例であるが、言葉が事後性の論理を可能にする力能を含むことは充分に言葉で解析できるから、事後性の論理が取り仕切る範囲は思われているほど広くはないと論証できるはずである。それは別としても、とにかく事後性の論理は言葉の特定の力能を過大評価する小賢しいだけの議論に思われるのだ。それに、何だかんだ言っても、楳図作品は今でも怖い。子どもに比べて生理的反応はさほど喚起されないにしても、依然として静かな恐怖を喚起される。とすれば、楳図作品の恐怖は、原初的な恐怖と同類であると断言しても構わないではないか。実際、その恐怖は、それを飼い馴らそうとするものを食い破るような恐怖であることを私たちはよく知っているのではないか。

さて、子どもは、この世のことについてほとんど何も知らぬまま生み落とされる。子どもは、生きることと死ぬことの区別も知らぬまま生き始め、やがて情動に駆動されながら生きんとする欲動を身につけ、生きるために必要なものごとを知っていく。まさに思い知る。その思いを「恐怖」と呼ぶなら、子どもは、恐怖しながら知り、知りながら恐怖する。

恐怖と知

「ママがこわい」（一九六五年）は、子どもが人間になる過程における恐怖と知の関係を表現している（なお作中で使用される呼称は「ママ」ではなく「おかあさん」である）。〈閉鎖病棟に監禁されていたヘビ女は、母に成りすまして帰宅する。ヘビ女は、娘の弓子の手をとって言う。「やわらかい手だねえ／おいしそうだこと」。弓子はその手がとても冷たいので「おそれ」を感じ始める。ヘビ女＝母は、「くだもの」を嫌がり、「ナマの肉」や「なまたまご」を所望する。寝床を調べると、「ウロコ」が落ちている。「おまえうまそうだ」と弓子に語るや、背中にウロコが現われる。しかも「カエルやネズミばかりたべたがる」。そこで弓子は、カエルを餌に正体を暴こうとするが失敗。母をヘビ女呼ばわりしたというので父に叱責される。ヘビ女は弓子を食べようと追い詰めるが、弓子は閉鎖病棟に監禁された本当の母の下に逃げ込み救われる〉。

子どもは周囲の欲望が自分に向けられることを察知する。自分は、愛されるもの・憎まれるものであり、撫でられるもの・殴られるものであることを感知する。しかし子どもは、自分の何ものがそんなに周囲を惹き付けるのかわからない。自分が本質的に何ものであるのかを知らない。この無知が恐怖を生む。ところが子どもは食べ物を与えられる。しかし何を与え返すべきかわからない。そこで子どもは、周囲の欲望と食べ物の贈与に対するお返しに、自分そのもの、自分の肉体を差し出さなければならないのではないかと疑い始める。この疑いも恐怖を生む。実際、「ママ」は自分を指して「うまそうだ」と言うのだ。

では、いかにしてこの恐怖を凌ぐのか。そのための護法は、第一に自分が食べられる物ではないこと、第二に自分が食べる者であることを保証するものでなければならない。しかしそれだけでは足りない。ママだって、食べる者であって、たぶん食べられる物ではないからである。このままだとママと同類になってしまう。そこで護法は、第三に自分がママの食べる物を食べない者であることを保証するものでなければならない。すなわち、ママは生肉やカエルやネズミを食べるが、自分はそれらを食べない者であるとして、ママが異類であることを保証するものでなければならない。そのことは、よしんば自分が食べられる物であっても、異類の生き物にとっての食べ物であること、同類へのお返しとして自分の肉体を差し出さなくともよいことを保証する。

「私は人間である」という知こそが、そんな護法である。子どもが自分は人間であると知るにいたる過程は、同時に、周囲の欲望に由来する恐怖と食べることと食べられることをめぐる恐怖を凌ぐ過程なのである。とすれば、私たちは、自分が人間であると思うたびに、原初的な恐怖を薄っすらと思い知りながら護法を唱えていることになる。

恐怖と人生

人間として生命を生きることは護法の一つである。しかし人間の生命は恐怖に食い破られる。その恐怖を凌ぐ護法は、人として人生を生活することである。しかし人の人生も恐怖に食い破られる。そこで別の護法が求められる。「Rôjin」（一九八五年）はこのドラマを凝縮して表現している。

〈子どもが空き地で大きな穴を見つける。その底から老人が助けを求めている。しかしどうやら子どもは老人を見たことがないようだ。「人間とはまるで違う種類かもしれないぞ。気をつけなければ！」と警戒を強める。それでも子どもは助けようとするが、その異様な姿に驚き、「怪物」扱いして穴に閉じ込める。老人は子どもを何とか会話に誘い込む。老人は「年をとって」こんな姿になったと説明するが、子どもは「そんな醜い姿をした年よりなんて見たことがないぞ」と応ずる。「人間は誰でも20歳で死ぬ」、「今はそういう世の中さ」というわけだ。夜になる。子どもが悩みを告白する。父が20歳でもう直ぐ死ぬので、「あとを継いで生きたウナギを裂かなくちゃいけない」が、うまくできないのだ。ややあって老人は提案する。その皺くちゃの指を「うなぎのかわりに裂いちゃってくれないかな」、「そしたら新しいのがはえて／君みたいに若くなる」から。子どもは割れたビンで老人の指を切り裂こうとする。しかし、できない。老人は去り、子どもは「20年で死ぬのは早すぎるのかな」と疑念をいだく。最後に子どもは暗い空き地で「ぼくも／ロウジンとよばれたい」と叫ぶ〉。

子どもは生き始めて随分と経ってから、人間は死ぬことになっていると知る。この知は恐怖を生む。そんなことは聞いてなかったと抗議しても手遅れだ。そこで子どもは、ライフサイクルに基づくライフプランを構築して人生を歩み始める。それが人となり大人となることである。人間が必ず死ぬからには、「あとを継いで生きたウナギを裂かなくちゃいけない」のである。こうして人として人生を生活することは死の恐怖を凌ぐ護法になる。ところが、死を人生の単なる終点として認知するや、別の人生も可能だったように見えてくる。「ぼく本当はうなぎ屋にはあわないんだ／ぼくは本当はパイロットになりたいんだ／うんと勉強をして19歳になったら、3ヶ月も飛べるんだよ／でも、間にあわないんだ」。

実は、この嘆きを聞いた後で、老人は自分の指を切り裂くことを提案している。しかし子どもはできなかった。あるいは、やらなかった。若返りのありえぬこと、いつでも人生は早死にで終わること、いかに長生きしても別の人生を夢みずにはおれぬこと、要するに、人生という護法には本質的な限界があることを思い知らされたからだ。しかもこの知が生む恐怖こそが、老人＝怪物に対する恐怖を凌ぐ護法によって生み出された恐怖だったと思い知らされたからだ。そこで子どもは、「ロウジンになりたい」とではなく、「ロウジンとよばれたい」と叫ぶ。「ロウジン」と呼ばれるべきライフステージを構築することが、人間が必ず老いて死ぬ恐怖と人生がいつも短すぎる無念から人を守る護法になること、これに子どもは賭けるのである。こうして子どもは新たに人生を闘い取る。

複数世界作品批判

恐怖は生老病死をめぐって湧き上がる。生老病死は肉体そのものの変化であるから、恐怖の根は肉体にある。人間として肉体を生きることと人として人生を生活することは、そんな恐怖を凌ぐ護法である。しかし肉体から湧き上がる恐怖は、必ずや護法を食い破ってしまう。では、その恐怖の根に対していかなる態度と行動をとるのか。

『神の左手悪魔の右手』の「錆びたハサミ」（一九八六〜八七年）は、両目からハサミの尖端が飛び出す強烈な場面で始まっている。肉体の奥底から飛び出すハサミ、これは肉体から恐怖が湧き上がると宣言している。「錆びたハサミ」は、悪夢の世界が現実世界に噴出する作品として要約されることが多いが、実際にはその構成は極めて複雑である。この点に関連して、文化的な定番の一つである複数世界作品を批判的に検討しておかなければならない。

『ドラえもん』を例にとる。現実世界と別世界を一つの作品に納めるには、複数世界を架橋するツールが必要になる。『ドラえもん』においては、どこでもドア、のび太の机の引き出しなどである（ちなみに四次元ポケットはツールを取り出すツールであるから、それは作品外部の作者に繋がっていると解さざるをえない）。ところで、こうしたツールは作品に不整合を持ち込むことになる。

どこでもドアを通って、現実世界から別世界に瞬時に移動できるとする。では、現実世界において、どこでもドアの裏側にまわって、表側を振り返ったらどう見えるだろうか。ドアが見えるかもしれないし、見えないかもしれない。ドアの開閉に対応して、見え方が変わるかもしれない。では、裏側から表側へ移動し始めたらどうなるだろうか。移動可能かもしれないし、移動不可能かもしれない。これらの場合をどう組み合わせても、辻褄が合わなくなる。一つの場合だけ取り上げる。

ドアの表側にのび太が、ドアの裏側にジャイアンがいるとする。のび太は閉まったドアの表側を、ジャイアンは閉まったドアの裏側を見ている。次に、のび太がドアを開いて別世界に移動する。ジャイアンから見ると、ドアが向こう側に開かれ、のび太の姿が見え、のび太が近づき、ドアの敷居で消えることになる。そこでジャイアンは、ドアに近づき、ドアをすり抜け、表側に移動する。そして振り返ると、別世界に歩み入るのび太の背中が見える。のび太を追い駆けると、ドアから別世界に入り込むことになる。この限りでは局所的には整合的である。どこでもドアを開くと、現実世界内部に移動に関する流れが形成され、その流れに順行するなら別世界に到り、その流れに逆行するなら現実世界内部にとどまると、かなり無理を通せば、解することができるからである。ところで、どこでもドアは別世界内部にもドアの表側と裏側を区別する流れを形成する。この別世界内部の流れは、現実世界内部の流れと整合しない。あるいは、滑らかに接続しない。ここを誤魔化すには、複数世界作品がよくやるように、どこでもドアをくぐると、得体の知れぬ通路に出て、そこを経てから別世界に入ることにすればよいが、今度はこの通路の空間的時間的な有り様が、現実世界や別世界との不整合を引き起こすことになる。

『ドラえもん』に限らず、複数世界作品は、ある程度突き詰めれば必ず不整合が発生する。そこで考えるべきは、にもかかわらず、どうして複数世界作品は整合的に見えるのか、あるいは、整合的な作品として享受されてしまうのかということである。作品が線状時間で構成されているからであるが、そこは措いて、こう言っておきたい。複数世界作品とは、別世界への移動可能性を捏造し、別世界を擬似的に体験させることを通して、現実世界への回帰を促すものである。そして、別世界との擬似的な比較の後に、現実世界は〈他ならぬこの〉〈かけがえのない〉世界として自由に選択されたかのように教え込むものである。しかも読者はそんな作品を欲している。哀れなことに、現実の肯定とはその〈かけがえのなさ〉の追認のことだと信じているのである。だからこそ、是が非でも移動は可能でなければならないし、不整合は無視されなければならない。この意味において複数世界作品は本質的に現実の体制に順応的である。

これに対して、楪図作品は、複数世界を設定しているように見えるが、複数世界作品とは全く異質である。『漂流教室』（一九七二〜七四年）では、子どもが漂着する未来世界と現実世界の複数世界が設定されてはいる。両者を繋ぐツールは、これはありがちな設定だが、未来世界においては子どもの声を伝える霊媒としての女子であり、現実世界においては母が子どもからの声として聴き取る機械音である。しかし『漂流教室』で本当に両者を繋ぐものは、母が機械音を未来からのサインとして聴き取った後に、この現実世界で壁や死体に埋め込むナイフや薬品である。それらの物が、長い時間を経過して、未来が現実となったその世界の子どもたちに、古びた物になって届くのである。複数世界を設定して現実世界の価値を再認するのではないし、現実世界と別の世界をオルタナティヴとして夢みさせるのでもない。そうではなくて、この現実世界とここから現に到達可能な別世界、これら両者の世界を共に肯定するのである。まさにそのことによって、霊媒の女子と狂気の母は救済される。ここにこそ『漂流教室』の品位がある。そして、『漂流教室』においてナイフと薬品が果たす役割は、「錆びたハサミ」においては肉体に引き継がれる。

恐怖との闘争

「錆びたハサミ」の冒頭場面に続くシークエンスはこうなっている。

〈左側のベッドでは、両目からハサミが飛び出した姉の泉が、「ギエッ」とのた打ち回っている。右側のベッドでは、弟の想が眠っている。想は目覚めて、左側のベッドに駆け寄り、「お姉ちゃん、大丈夫⁉」と揺り起こす。姉は目覚めて、「あんたの夢で、いちいち起こされたらたまんないわ！」と怒る。突然「ザー」と雨が降り始め、洪水の知らせが届く。地下室が流れ着く。そこには過去の残虐犯罪の跡が残っている。（※）。姉は口から泥を吐き出し始める。地下室にあった骸骨や三輪車などが、次々と姉の体内から皮膚を切り裂いて吹き出てくる。（※※）。想は地下室に閉じ込められる。そこにはミイラがいて、ハサミで想に襲いかかる。想が避けると、ハサミは地下室内の壁に刺さる。と同時に、姉の両目からハサミが飛び出す〉。

ここに来て冒頭場面は実現するわけだが、省略箇所（※）で三回、省略箇所（※※）で二回、想は眠って目覚めている。ところが、それらは、夢見か幻視か、別世界への移動か否かを確定できない。これだけでも厄介だが、「錆びたハサミ」はさらに厄介な構成になっている。第一に、作品の最初で猫のツィンクルがハサミで殺されるにもかかわらず、作品の最後でツィンクルは生きているが、前者が白地に縞模様の猫であるのに対し、後者は黒猫である。想は「ぼくがユメの中で生き返らせたんだよ」と語るが、その場面は描かれていない。作品が、夢の階梯ないし現実の階梯の、どこで始まり、どこで推移し、どこで終わるのかは定かでない。第二に、作品の時間は線状ではない。姉の耳の穴から目玉が見える場面（ここで想は姉の近くにいる）と、地下室の壁の穴から想が外を覗き、外から想の顔が見られる場面がある。両者は相俟って、二つの穴が繋がっていることを示している。その限りでは二つの場面は同時に起こっているはずだが、作品の進行時間においては先後に配されている。作品の時間は複線化し交錯している。

「錆びたハサミ」の構成を整合的に読み解くのは難しい。かといって、不整合が生じている箇所を指定するのも難しい。そこで、「錆びたハサミ」はそんな困難さを積極的に構成することによって、格別の効果を実現しているのだと解しておきたい。すなわち、複数世界を相互に浸透させることによって、現実世界の特権性を消し去る。そして、複数世界を繋ぐツール、複数世界を渡り歩く肉体そのものが真に現実的であることを示すのである。

このとき、恐怖とは何か。悪夢で想像された物が肉体から吹き出ることでも、悪しき別世界が現実世界に侵入することでもなく、どこにいようと肉体に潜在する物が現実化することである。そして、恐怖を凌ぐ護法はどうなるか。最早、悪夢から目覚めて回帰する日常生活でも、あれは夢でしたと事後的に安心する覚醒生活でもなくなる。『神の左手悪魔の右手』を通して感動的なのは、複数世界のどこに位置しているかは定かでないまま、とにかく肉体の存するリアルな世界において、想が断固として闘争モードに入ることである。「錆びたハサミ」では、「ここは、お姉ちゃんの中だったんだっ!!」、「ここから外へ出ると、お姉ちゃんはこわれて死んでしまうんだっ!!」と、姉の肉体を自分の肉体が破壊しうることを知り、二回ほど眠りを招き寄せて世界の階梯を移動し、ミイラと闘争し消滅させる。複数世界の結節点たる肉体を守るために、渡り歩く肉体はその左手と右手の力によって、肉体の奥底の恐怖の根を制覇するのである。

ゾーエー（肉体的生命）とビオス（精神的身体的人生生活）の二分法を用いるなら、恐怖とはゾーエーがビオスを食い破ることであり、ビオスとはゾーエーの恐怖を凌ぐ護法に守られることである。

恐怖はゾーエーとしての肉体から発している。ビオスの厚みに保護されていない子どもは、他者と自分の奥底にあるゾーエーに直面し恐怖する。大人にしても、病気を宣告されるだけで、あるいは、ビオスから脱落しかけている人間を見るだけで、ビオスの厚みを食い破るゾーエーを垣間見て恐怖する。そこで大人は、恐怖を心理的で社会的な不安に転化し、生政治や生命倫理や社会構築主義にすがって、ビオスの穴を隠そうとする。あるいは、ビオスの穴をセキュリティ・ホールと称して、リスク社会のビオスを捏造する。こうしてビオスの護法は、恐怖と直接に対峙することを回避し、不安を蔓延させ人を拘束するだけの便法に成り下がる。

しかし、そんなことをやっても無駄である。恐怖は肉体の奥底から湧き上がる。恐怖は、いつでも、どこでも、肉体だけに関わる。そこで闘うべきなのだ。ゾーエーとしての肉体において、恐怖を凌ぐ護法を立ち上げビオスを構築すること、これを楳図作品は呼びかけているのである。

第2章

デッドエンド、デッドタイム——一九七八年以来の現代思想におけるゾンビ

資本主義論のデッドライン

ゾンビが集まって来る。「ヤツらが追っているのはオレたちではなく、この場所だ(It's not us they're after, it's the place)」(一九七八年の*Dawn of the Dead*より)。ショッピングモールへ集まって来るのだ。かくて、ゾンビは、先進資本主義の消費者を表象するものとして大いに論じられてきた。ゾンビが死んだも同然になってもモールに向かうのなら、消費者は生きているうちからその欲動を刻み込まれていることになる。消費者は合理的に商品を選好していると思うのだが(「Mac は美しいから」)、実際は資本主義に操作されてゾンビのように突き動かされているにすぎない。ゾンビ映画は、賢い消費者を、賢いが故にこそ欺かれる消費者を表象しているのである。

さて、問題の一つは、そんなゾンビ映画を観客は怖がりながらも楽しみながら消費しているということである。ここで何と言うべきか。フランクフルト学派の流れをくむ大衆文化批判の観点からするなら、そこにこそ資本主義的文化産業の策略が働いている。観客は、消費資本主義批判を娯楽として享受し、映画館を出るなり何の疑念もいだくことなくモールへ出かけるだろう。いや、むしろ積極的に出かけようとするだろう。そうして、おのれを含めた客の流れにゾンビの群れを幻視しては、モールをめぐる「拡張現実」（宇野常寛）を讃嘆しさえするだろう。しかしそのことはモールに対する非政治的で美的感性的な批評性や距離感をもたらすだけであって、いささかも消費資本主義を変革する態度や行動を生み出しはしない。文化産業が設える娯楽の空間と時間に封印されるゾンビ映画は、それが資本主義を批判しているように見えれば見えるほど、その表象が現実へ浸透すればするほど、シニカルで従順な主体を作り出す。このようにして文化産業は大衆を籠絡する。

この類の原理主義的な資本主義批判に対して異を唱えるのが、ポストモダニズム・ポスト構造主義の流れをくむ文化批評である。そんなゴリゴリの消費資本主義批判を固持していては、資本主義商品を購買しないという方針しか出てこない。その類の批判には、大衆文化蔑視が、ひいては大衆蔑視がにじみ出ている。大衆を啓蒙せんとするインテリにしても、俗悪なモールには出かけないかもしれないが Amazon は重宝している。それこそ欺瞞的である。そもそも資本主義下での消費を悪しきものと決めつけるのが間違っている。よしんば資本主義に悪しきところがあるにしても、その変革の主体となるべきは消費者自身でなければならない。そのつもりで細部に眼をやりたまえ。消費者のパフォーマンスが資本主義に対する抵抗や撹乱になることもある。それを可視化（見える化）してやるのが文化批評の使命であろう。例えば、文化産業に籠絡されて、雨が降ろうが槍が降ろうが、モールに出かけたがる消費者がいるとせよ。開店前から並んで、日がな一日、モールでやり過ごす高齢者がいる。そこを社交場に変えてしまう地元の中学生がいる。そんな消費者たちは、地域共同体を破壊するものとして批判されるモールの只中で、まちづくりに勤しんでいるのだ。お望みなら、環境管理型権力を掻い潜って実践していると言ってもよい。そんな眼で一連のゾンビ映画を見直すなら、ゾンビの微細な差異が描かれているのが見えてくるだろう。[*1]

しかし、どうなのであろうか。個々の消費者の態度や行動にミクロな抗いを観察することは容易である。容易すぎるくらいである。いまやそれは研究論文のフォーマットにすらなっている（大学教員の口癖は「諸アクターの関係性、細部に注目して記述を厚くしたまえ」「精細な実証から批評性がおのずと出てくる」である）。消費者自身にしてから、その程度の反省性や批評性は兼ねそなえている。とするなら、ミクロな差異や抗いを予定しながら、むしろまさにそのおかげで、消費資本主義は快調に持続可能になっているのではないのか。誰もが批判や批評をあらかじめ呑み込みながら、賢くも愚かにゾンビのように振る舞うことにしているのではないのか。資本主義にとって、批判や批評など商品の付加価値にすぎないのではないのか（「スキャンダルも宣伝のうち」「叩かれてナンボ」）。ここに、文化批判や文化批評のデッドラインがある。[*2]

　ゾンビを消費者と捉えてもその先はない。では、ゾンビを労働者として捉えてみてはどうだろうか。ゾンビは特異な労働者である。ゾンビは、ゾンビを生産する。ゾンビにとって人間の消費は生産的消費であって、ゾンビは人間を原料としてゾンビだけを生産し、ゾンビ以外のものを生産することも廃棄物を出すこともない。資本主義の夢としての自己増殖、近代の唯一の神話としてのゾンビ神話（ドゥルーズ／ガタリ）ということになる。[*3]

＊1　以上の文化批判から文化批評への移行については、T. Modelski ed, *Studies in Entertainment: Critical Approaches to Mass Culture* (Indiana University Press, 1986).

＊2　S. Harper, "Zombie, Malls, and the Consumerism Debate," *Journal of American Popular Culture* 1(2), 2002, online. 仮に抗いや攪乱を見出したいのなら、クレーマーに眼を向けるべきではあった。しかし、もう手遅れである。クレーマーへの抑圧体制は完成した。

＊3　S. Shaviro, "Capitalist Monsters," *Historical materialism* 10(4), 2002, 281-290.

しかし、どうなのであろうか。ゾンビ的生産労働を資本主義のリミットとして設定するのはよいとして、その設定の下では、そのリミットを予期しながら祓いのけることをもって現実の資本主義は作動しているといった説明方式をとることになるが（それは各種のシステム論における、ありふれた説明方式である）、そんなことを信じられるだろうか。しかも、ゾンビ映画に徴するなら、特異な労働者たるゾンビたちは、いずれ原料たる人間を使い尽くし崩落していく。とするなら、ゾンビは、リミットのその先のデッドラインを印していると言うべきである。そこは資本主義論のデッドラインである。

精神分析批評のデッドレター

文化産業の産物は、資本主義が生み出す夢のようなものであるとするフランクフルト学派的で精神分析的な見方はどうであろうか。個人用の夢分析をシステム向けの分析へと応用することはできるだろうか。治療関係における家族向けのお話をシステム批判やシステム治療へと使い回すことはできるだろうか。

ゾンビ映画で目立つのは、ゾンビ化した家族を心置きなく殺すシーンである。家族がゾンビ化したなら、直ちに殺さなければならないし殺してよいのである。それを顕在的症状や行動化と捉えるなら、こういうことになる。親密圏には根源的な暴力性が孕まれている。どこにその時期や主体や他者を設定するかは恣意的にしかならないが、ともかく根源的な暴力性が孕まれており、そして暴力性を解き放つことは禁じられている。親密な家族にあっては、暴力性は潜行していると見られることになる。と同時に、それが解き放たれて顕在化してもおかしくないことになる。とりわけ、家族の一員が死んだも同然のものになるや、殺すことが命じられ許されると見なされるようになる。別の言い方もできる。ゾンビ映画では、行方不明になった隣人が不気味なゾンビとなって手の届くところに回帰してくる。そのことが恐怖を招く。では、そのとき、何が回帰するのか。何が不気味なもの（フロイト）として回帰するのか。恐怖映画の主役であるヴァンパイヤやフランケンシュタインは徹底的に精神的でスピリチュアルであった。それらは、「われわれ」にあまりに身近なものである精神を、それだけを分離した姿で回帰させたが、これに対し、ゾンビは精神を欠き徹底的に身体的で肉体的であるから、ゾンビは、「われわれ」の身体・肉体に本質的な何ものかを回帰させる。人間を身体的・肉体的に駆動しているもの、あまりに身近でそれ故に排除して忘却しているものがゾンビ化した隣人となって回帰するのである。[*4]

ここまでは、いいとしよう。では、これを応用するとどうなるか。ゾンビがゲーティッド・コミュニティに侵入するシーンがある。このとき、「われわれ」は、ゲーティッド・コミュニティに侵入したがる根源的な欲望をもつことにされる。あるいは逆に、「われわれ」は、そんな侵入に脅える根源的な情動をいだくことにされる。[*5]同様に、根源的に禁止され抑圧されたものの回帰という図式はいくらでも使い回せる。とくに、不気味なものは使い放題である。ゾンビ映画は、システムが抑圧して忘却させてきたものが回帰してくるその姿を描き出していることになる。その意味において、ゾンビが表象（代理・反映）しているものは、ベトナム戦争のことであったり、[*6]人種主義的に差別される下層民のことであったり、消費文化から排除される貧民のことであったり、要するに何でもアリになる。

だから何だと言うのか。ゾンビ映画はシステムの症状を表象し、それに対する文化批評でもってシステムの神経症を癒すとでも言うのか。臨床的な文化批評？ そんなものは、文字通りのデッドレターである。

生政治／死政治

ゾンビ映画が生死の区分に関わるのは明らかなので、当然にもフーコーやアガンベンの出番になる。ゾンビは、剥き出しの生そのものである。ゾンビは、剥き出しの生の事例としてあげられてきた脳死状態・植物状態・飢餓者等々を集約的に表象している。いやむしろ、ゾンビは動き回るからには、とりわけアルツハイマー病者を表象していると言うべきであろう。すでにアルツハイマー病者はゾンビ呼ばわりされており、ゾンビ映画と日常生活はまったく同じになっている。[*7] 同時に、ゾンビ映画は、剥き出しの生に対して行使される権力についても、それを剥き出しの形で表象している。[*8] サバイバーは自らを隔離しながら、外部に蔓延するゾンビに対して存分に暴力を振るうのである。

そもそも生政治・生権力を作動させるには、ゾンビ的で人種的な物語が不可欠である。

＊4　K. Bishop, "Raising the Dead: Unearthing the Nonliterary Origins of Zombie Cinema," *Journal of Popular Film and Television*, 2006, 196-205.

＊5　cf. F. Michel, "Life and Death and Something in Between: Reviewing Recent Horror Cinema," *Psychoanalysis, Culture & Society* 12, 2007, 390-397.

＊6　S. Higashi, "Night of the Living Dead: A Horror Film about the Horrors of the Vietnam War," in L. Dittmar et al. eds., *From Hanoi to Hollywood: The Vietnam War in American Film* (Rutgers University Press, 1990), 175-188.

＊7　S. M. Behuniak, "The living dead? The construction of people with Alzheimer's disease as zombies," *Aging & Society* 31, 2011, 70-92.

＊8　M. Sutherland, "Rigor/Mortis: The Industrial Life of Style in America Zombie Cinema," *Framework* 48(1), 2007, 64-78.

ハリケーン・カトリーナ災害のとき、ある医療者たちは、外部からの暴徒の侵入に脅えて医療センターを閉鎖したが、そのとき、外部の他者をゾンビ的で劣等人種的なものとして想像していたことを指摘しながら、ゲリー・キャナヴァンはこう書いている。「生かしたり死ぬにまかせたりするその権力において、死なせたり生きるにまかせたりする主権を行使するところの生政治国家は、殺すその権力を保持するためには人種的な想像を創出する必要がある。生権力の下では、住民全体を脅かすと想像される者たちは危険であるだけでなく一種の反 - 生命となるのであり、いかなるコストをかけてでも（白人の）生から隔離されなければならない。ゾンビに少しでも接触するなら感染してしまうのであってみれば、人種的な他者は規律され隔離されて混在を予防しなければならない[*9]」。

この類の生政治・生権力的な批評はもっと引っ張ることができる。ゾンビ映画が示しているのは、「われわれ」が、ある種の人間を死なせても構わない者としてコード化するその方式である。「われわれ」は、ある種の人間を、死んだも同然の生とか生ける屍とか歩く死体とかコード化しておいて、安んじて処理し処分する。ゾンビ映画は、この冷徹な現実を表象している。そして、「われわれ」はゾンビを恐れる。そのとき「われわれ」が恐れているのは、自己や意識や認知を喪失することであり、喪失しているにもかかわらず生き続けてしまうことである。しかし、注意してよいのは、「われわれ」は、おそらく、死んだも同然の生が徘徊することを、危害を及ぼしうるものとして徘徊することをむしろ待ち望んでいるということである。そのとき、そのときにだけ、「われわれ」は心置きなく殺すことができるからだ。

こうなると、ゾンビ映画は「死（体）－政治」的であると言うのがよさそうにも見えてくる。[*10] サバイバーは生き延びるためにはゾンビを殺さなければならない。死んだも同然の人間、生ける屍を殺さなければならない。それだけがサバイバーに生きる意味と目的を与えてくれる。それだけが生に輝きを、お望みなら尊厳を与えてくれる。この意味で、サバイバーは、単なる死体ではないところの生ける屍を深く愛している。死体は殺せないが、生ける屍ならギリギリ殺せるのだ。死体は愛せないが、死んだも同然の人間ならギリギリ愛せるのだ。ゾンビ映画は、隣人愛（イエス）、正しい敵への愛（シュミッ

＊9　G. Cannavan, "'We Are the Walking Dead': Race, Time, and Survival in Zombie Narrative," *Extrapolation* 51(3), 2010, 438. また、南アフリカで現にゾンビ言説が果たした役割の分析については、Jean Comaroff and John Comaroff, "Alien-Nation: Zombies, Immigrants, and Millennial Capitalism," *The South Atlanntic Quarterly* 101(4), 2002, 779-805.

＊10　cf. A. Mbembe, "Necropolitics," *Public Culture* 15(1), 2003, 11-40.

ト）の鏡像である。

「お前はもう死んでいる」

以上のように、ゾンビは、現代思想の任意の用語でもってどうとでも解釈できる態のものである。それは不気味なもの、剥き出しの生であり、クリステヴァのいうところのアブジェクション、デリダのいうところの存在的／幽霊的なもの、任意の思想家がいうところの他者である。そして、二〇世紀後半の現代思想家たちは、それらを歓待すべきとの説教を垂れてきたが、それはすぐに残虐に反転する程度の道徳にすぎない。死んだも同然であるからケアすべきとする態度は、死んだも同然であるから死なせて当然とする態度へすぐに反転するのである。ゾンビ映画は、現代思想の正体を暴く強烈なアイロニーである。[*11]

とはいえ、ゾンビ映画のキモは、無い無い尽くしにあると言うべきであろう。アイロニーも足払いしていると言うべきであろう。ゾンビは生きても死んでもいない。男でも女でもないし白人でも黒人でもない。支配者でも被支配者でもない。主体でも対象でもない。ゾンビは二分法を横断するのでも攪乱するのでもなく、端的にどちらでもないのだ。したがって、ゾンビは順応するのでも抵抗するのでもない。ゾンビは生物でも怪物でも機械でもサイボーグでもない。ゾンビは増殖するにしても生成変化することも進化することも退化することもない。ゾンビに未来はない。サバイバーもそのうち死ぬだけである。ゾンビ映画にはいかなる解決もカタルシスもない。ゾンビ映画に対してはいくらでも解釈や批評は加えられるにしても（その制作者たち自身が現代思想の申し子なのだから）、ゾンビ映画のキモは、現代思想がエンドゲームにしかならないと告げているところにある。[*12]

この点をアレント『革命について』を援用して確認しておこう。民族主義／国際主義、資本主義／帝国主義／社会主義／共産主義といった「一九世紀のイデオロギー」は無効になった。そしてまた、一九六八年と一九八九年と二〇〇一年を経て、ポスト構造主義・ポストフォーディズム・ポストモダニズム・ポストコロニアリズム・ポストヒューマニズム・ポストリベラリズムといったポストのイデオロギーも無効になった。ところが、そうであるのに、今日なお「戦争と革命」だけは「世界の二つの重要な政治課題」

＊11　cf. S. J. Lauro and K. Embry, "A Zombie Manifesto: The Nonhuman Condition in the Era of Advanced Capitalism," *boundary2* 35(1), 2008, online.
＊12　ibid.

となっている。それらを正当化するイデオロギーは既に死に絶えたのに、「戦争と革命そのものは生きのびている」。そして、戦争を正当化できる唯一の大義名分は革命だけになっている。いわば剥き出しの革命だけが、「重要な政治課題」になっているのである。

ところで、革命とは「自由の創設」である。それは「解放」とは区別されるべき出来事である。すなわち、革命は、飢餓や貧困からの解放や、不平等や奴隷状態や被抑圧状態からの解放や、アンダークラスやマイノリティやプレカリアートからの解放のことでもなければ、そこから自動的に帰結することでもない。したがって、当然にも、革命は、経済成長や福祉充実や社会正義実現によってもたらされることでもない。そんな解放の路線は、「もっとも強力な必然性」である「生命過程」、「日々の必要と欠乏」という「暴力よりもっと強制力をもつ力」に服従してのことにすぎないし、抑圧と不可分である社会的承認や社会的正義にとらわれてのことにすぎないし、「いつか、善いことではなく呪いになることもありうる」ことにすぎない。だから、革命家は、「圧倒的な貧民大衆という妖怪に永遠につきまとわれ」、「社会問題」の絶望的な切迫に追われて、自由の創設を旨とする革命そのものを見失ってきたし見失わざるをえないのである。革命家が自由の創設を目指すとき、同時に「生命は最高の善」であるとして「人民の幸福」を企てることは、「政治的にはもっとも有害な教義」になるのである。そして、言うまでもなく、ゾンビは解放の路線における「呪い」「妖怪」を形象化しており、サバイバーは、イデオロギー的内容を喪失した空疎な自由を目指しながら社会的なものに振り回されて没落する革命家を形象化している。

アレントによるなら、「核戦争の想像を絶する未曾有の破壊力を眼の前にして「われに自由を与えよ、しからずんば死を与えよ」式の威勢のいい議論はむなしいどころではない。お話にならないほど馬鹿げたことである」。しかし、それだけではない。ゾンビ映画にあっては、〈自由を与えよ、しからずんば（ただの）生を与えよ〉という命法が鳴り響いており、しかも自由は敗北を運命づけられている。実際、低線量被曝を「眼の前にして」、「われわれ」は、死にながらにして平等であると日々思い知らされている。「われわれ」は、自由を選ばずただの生を選ぶゾンビ的な平等主義者へと押し込められている。

ゾンビ映画は、現代思想のデッドエンドを印している。そして、おそらくは（望むらくは）資本主義のデッドタイムを印している。とするなら、ゾンビ映画とそれに魅了されてきた現代思想のすべてに対して、「お前はもう死んでいる」と宣告してやる必要がある。

第3章

人形使いに対する態度——公安九課バトーと中山正巡査

押井守『イノセンス』

バトーの罵倒

バトーは少女を罵倒する。あろうことか、性的児童虐待の被害者を罵倒する。淫行に対して生身の少女のように反応する愛玩用ガイノイドを制作するために、ロクス・ソルス社によって拉致され、機械内部に拘束され、脳内情報をダウンロードされ、死の危険に曝されもした少女を、バトーは罵倒する。無力で受動的な被害者像を脱して、ロクス・ソルス社製ガイノイド出荷検査官と通じ合ってガイノイドのコードを変更し、淫行を強制する人間を殺害する事件を引き起こすことによって警察に救助要請のサインを発し、自らを救出することに成功した少女を、バトーは罵倒する。

〈お前の抵抗の仕方は間違っている。お前が性的虐待者を間接的に殺害したことはよい。だがそのときお前はガイノイドのことを何も考えていなかった。お前が操ろうとしたガイノイド＝人形が陥った難局のことをまるで考えていなかった。俺が追い詰めたとき、人形の口は「助けて」と声を発した。あるいはそれはお前の声だったかもしれない。だが人形自身の声だったのだ。声を発するや、人形は自ら電脳を初期化し自爆した。人形は救済を求めて自爆した。まさにそれこそが救助要請のサインになったのだ。自爆した人形のおかげで助けられることに、お前は何の痛痒も感じてはいない。お前の写真を後生大事に隠していた出荷検査官にしても、人形が狂おしく救済を求めて自爆していくことに何の痛みも感じてはいなかった。もちろんお前は被害者だ。だがお前は決してイノセントではない〉。

出荷検査官と少女が人形に対して人形愛を示さなかったからということで、バトーは罵倒したのではない。そうではなくて、法と秩序の維持を職務とする公安九課に所属するからこそ、バトーは罵倒したはずである。この点を考えるために、阿部和重『シンセミア』の中山正巡査を参照しておく。中山巡査もまた、法と秩序の維持を職務としている。職務に極めて忠実であるから、思想コントロールも厭いはしない。

制服の効用を積極的に活用し、こじつけと出任せを並べ立てて、速やかに内部への進入を果たさなければならない。痴漢、ストーカー、強盗、ヤク中、何でもいい。社会のクズどもを総動員して不安感を煽り、戸締りの励行を叩き込んで、正しい防犯知識を身に付けることがすぐにでも必須だと信じ込ませればいい。

この中山巡査が電脳警察官であったなら、少女のセキュリティという大義のために、少女以外のすべての人間にICチップを埋め込んで監視するだろう。あるいはむしろ、すべての少女にICチップを埋め込んで、少女の一挙一動を追跡し、少女の身体を隈なく走査するだろう。少女のためとあれば、非合法な暴力行使も躊躇わず、自らの生命を削りさえするだろう。それほどまでに中山巡査は職務に取り憑かれて深く少女を愛しているから、自らガイノイドを購入して愛玩するだろうし、救出した生身の少女を抱き締めもするだろう。少女を罵倒するなど中山巡査には思いもよらぬことだ。

可憐な少女たちから薄汚い変態どもを遠ざけることも、お巡りさんの重要な責務の一つなのだ……少女たちの危険は決して無くならないし、彼女たちは常に、正義の味方に保護されることを求めているはずなのだ。もしかしたら、夜中に布団の中で俺の姿を想像しながら、あのお巡りさんにいつまでも守られたいと願う少女だって、いるかもしれないのだ……少女愛はやめられそうにないし、少女愛は総てを可能にする。

少女愛はコントロール社会も可能にする。少女愛は市民たちの感情と行動をコントロールするコードである。とすれば、中山巡査の少女愛は、何ら倒錯的な劣情ではなく、コントロール社会に蔓延する極めてノーマルな愛情であり、中山巡査の行動は、何ら不当な権力行使ではなく、極めて政治的に正しい措置であるということになる。そこに異常があるとすれば、少女愛のコードに忠実なあまり、それに取り憑かれていることだけである。

これに対して、バトーは少女愛のコードには無縁である。バトーにとって少女は被害者以上でも以下でもない。取り立てて少女を愛する理由も、人形になりたくないと叫んだからといって憎む理由もない。にもかかわらず、バトーが罵倒したのは、出荷検査官と少女がコントロール社会の何らかのコードを侵害したからであるに違いない。

警察官のコードと少女愛のコード

『イノセンス』では、出荷検査官が、ガイノイドをコントロールする「ロボット工学の三原則」を秘密裏に改変したと示唆されているので、アシモフ『わたしはロボット』(原著一九五〇年、伊藤哲訳)から「ロボット工学の三原則」を引用しておく。これら三原則は、警察官や兵士に期待されているコードであることに注意しておきたい。

一、ロボットは人間に危害を加えてはならない。また何も手を下さずに人間が危害を受けるのを黙視してはならない。

二、ロボットは人間の命令に従わなくてはならない。ただし第一原則に反する命令はその限りではない。

三、ロボットは自らの存在を護らなくてはならない。ただしそれは第一、第二原則に違反しない場合に限る。

アシモフ自身が「堂々めぐり」で鮮やかに示しているが、これら三原則によってコントロールされるロボットは、絶えずフレーム問題に曝されることになる。「危害」なる概念をとってみよう。ロボットが原則を遵守するには、ロボットが知覚する出来事を危害として認知する必要がある。そのためには、ロボット制作段階において、危害に相当する出来事の何たるかと危害に相当しない出来事の何たるかを的確に識別する能力と、場合に応じて適切に行動する能力を、予めロボットに装填しておかなければならない。例えば、合意の上での性交と強要による性交を識別して行動する能力である。ところが、識別の困難な出来事はいくらでもありうるので、それらを明確に腑分けするためのルールは膨大になる。しかもそれらのルールを書き下した途端に、当のルールでは捌けない出来事がありうることになる。それらを虱潰しにするルールを書き下したところで、さらにまた識別不可能な出来事や例外的な出来事もありうることになるので、予めロボットに内蔵しておくべき情報量と計算ステップ量は簡単に爆発する。こうして、適当な所で事前の設定を打ち切られて世に出荷されたロボットは、識別を間違えて行動に出るか、無際限な計算を延々とこなすばかりでいつまでも行動に出ないか、どちらかに成り終わる。要するに、フレーム問題を解決しない限り、ロボット工学三原則は、ロボットをコントロールするコードたりえないのである。

ここでは約束事として、ロボット工学三原則に付き纏うはずのフレーム問題は、ガイノイドに関しては片が付いているとしておく。とすると、考えるべきは、出荷検査官が、少女の救出という人道的な目的のために、どのようにロボット工学三原則を少女愛のコードに変更したのかということになる。ガイノイドに少女の脳情報が予めダウンロードされているという設定は事態を込み入ったものにするが、ここでは出来るだけ単純に考えておく。先ず、出荷検査官は、第一原則における「人間」が一意的に少女を指示するように変更したはずである。

1、ガイノイドは少女に危害を加えてはならない。また何も手を下さずに少女が危害を受けるのを黙視してはならない。

この段階で、フレーム問題とは区別される自己言及問題が発生してしまう。ガイノイドがコード1を遵守するには、「自己」の身体に対して行なわれる淫行を、少女の精神ないし肉体に対して加えられる危害として認知しなければならない。これは奇怪な状況である。ガイノイドは、自己の身体に対して人間によって加えられる変様を、自己の電脳に宿る「誰か」の精神ないし肉体に及ぼされる行ないとして認知し、しかもその誰かに対する危害として認知しなければならない。それだけではない。ガイノイドは、「自己の生身」が感じる恥辱や苦痛を自己の情動として体験するのではなく、「誰かの生身」が経験しているはずの恥辱や苦痛として体験しなければならない。その上で、自分ではなく誰かが犯されていると認知し、自分のセキュリティのためにではなく誰かのセキュリティのために行動を起こさなければならない。ガイノイドはコード1の下でコード1に関して自問するだろう。一体誰が危害を受けているのか、一体誰が黙視しうるのか、命じるのは誰で、命じられるのは誰か、と。コード1における「ガイノイド」と

「少女」はいかなる自己に言及しているのか、と。明確な解が与えられるはずもない。

ここに来てガイノイドは、電脳内の何ものかによってコントロールされていると自覚し、自己の一切の能力、快苦を感じる能力、身悶えする能力、行動する能力のすべてがコントロールされていることを知るにいたる。あるいはむしろ、何ものかに取り憑かれていると自覚し、自己に取り憑く人形使いの存在を感知するにいたる。その人形使いは、自己の敵としか呼びようのないものであるのに、自己の電脳と肉体に余りに内密な敵なのである。第一原則がコード1に変換されることによってガイノイドが陥ることになる状況は、小林秀雄が「現代文学の不安」（一九三二年）で描き出した作家の不安と同じものである。

近頃ロボットという言葉が流行している。ロボットが煙突に登ったと私は新聞で読んだ。ロボットが蓄音機をお腹のなかに仕掛け、お臍に電灯をつけて踊子と踊っているのも見物した。だがロボットは既に蒸気機関が発明された時に生れていたのだ。そしてラジウムの発見とともに思想まで持たされてしまっていたのだ。自然と人間とはもはや対立してはいない、その間に機械がはさまってしまった。人を支配するものは自然の法則ではない、機械の法則である。身から出た錆色をしたロボットの人工的な、殆ど架空的な法則である。しかも私たちはこの暴虐な法則に少なくとも十万年来改造する事も出来ず持ちつづけてきた生理機制をもって追いすがるのである。……既にペエタアは言っていた。近代文学の悲劇は宿命というものははや外部にはなく、脳髄の裡に隈なく網目をはっているという事を、各自が悟ったところにあると。作家達はこの網目を逃れて再び夢を織ろうとした、が時は既に遅かった。敵は、その網目は光線の約三分の一位の速力で動いていると精緻な夢を織っていた。作家は仕方なく再び敵と握手したが、敵は平気な顔をしていた。作家は頭の中で現実と架空とが固く握手した事を悟った、悲劇は沈痛どころではなくなったのである。不安が来た。不安は現代精神最大の悲劇である。

ガイノイドは「脳髄の裡に隈なく網目をはっている」宿命に捕捉される。人工的で架空的で暴虐なコード1はガイノイドの生理機制と隙間なく一致する。ガイノイドは人形使いに取り憑かれ人形使いを受肉する。現実と架空が固く握手して、不安がやって来る。ところが出荷検査官は、人間愛ないし少女愛に駆動されるがままに、ロボット工学原則の変更を続行する。第二原則はコード2に書き換えられたはずである。

2、ガイノイドは少女の命令に従わなくてはならない。ただしコード1に反する命令はその限りではない。

少女の名の下に人形使いから発せられる命令は、「淫行されたら殺せ」である。ガイノイドにあっては、警察官のコードも愛玩用ロボットのコードも基本的には維持されたままであろうから、この命令はひどく曖昧な状況にガイノイドを追い込むはずであるが、この点は追わないでおく。ともかく出荷検査官は、第三原則をコード3に書き換えたはずである。

3、ガイノイドは自らの存在を護らなくてはならない。ただしそれはコード1、コード2に違反しない場合に限る。

ガイノイドにおいて自己の存在とは何か。自己の存在の防御とは何か。ガイノイドにおいて少女の存在とは何か。少女の存在の防御とは何か。いずれにせよ、少女の名の下に人形使いが発する命令は、「必要なら人間を殺してお前の存在を維持せよ」であるというよりは、少女を人形にしてはならないというのであるからには、「私を防御するために、私をお前の存在から分離せよ」、あるいは「私を防御するためにお前の存在を消去せよ」に相当するものになる。ロボット工学三原則においては、ロボット自身がロボットと人間を明確に区別できるということが前提とされているから、ロボットの自己維持に関しては特に矛盾は生じない。しかし少女の脳情報をダウンロードされたガイノイドは、自己と少女を明確に区別できないから、少女の危害を黙視せず少女を防御すべく少女の命令を遵守するためには、自己を維持しながら自己を消去しなければならなくなる。ロボット工学三原則を少女愛のコードに変換することは、ガイノイドを抜き差しならぬ状況に追い込むのである。こうしてガイノイドは「助けて」と口にして自爆することになる。

そもそも、コントロール社会において、ガイノイド＝人形はロボット工学三原則を遵守しなければならなかった。言いかえるなら、コントロール社会における人形愛のコードは警察官のコードと相同のものでなければならなかった。とすれば、このコードの変更こそが法と秩序の侵犯であり、それがためにバトーは少女を罵倒したのだと一応は考えておくことができる。しかしそれだけではない。バトー自身は、警官のコードを体現するロボットではなく、その脳髄が機械身体のハードかつソフトであるサイボーグであるということを考慮に入れなければならないからである。では、バトーが体現する限りでのサイボーグのコードとは何か。

悪魔憑きと魔女

フーコーは『異常者たち』（コレージュ・ド・フランス講義1974―1975年度、慎改康之訳）で、「魔法をかけられた身体」と「憑かれた女の身体」を区別しているが、ガイノイドは後者に相当すると見ることができる。

憑かれた女の身体、それは、一つの劇場です。この身体において、さまざまな支配力と、そうした支配力同士の対決が表面化します。……それは城塞としての身体であり、また、戦場としての身体でもあります。悪魔と、それに抵抗する憑かれた女の戦い。憑かれた女のなかにあって悪魔に抵抗する部分と、彼女自身の一部でありながら逆に悪魔に合意し自らを偽る部分との戦い。……こうしたすべてが、悪魔憑きにおいて、身体の劇場を構成します。

ガイノイドは人形使いに憑かれた身体である。注意すべきは、バトーもまたガイノイドが陥った窮状を一時的に経験するということである。食料品店のシーンである。バトーは何ものかにハッキングされ取り憑かれる。しかしそのままバトーは犬の餌を買いに食料品店に入る。ここはキル・ゾーンと何ものかが宣告する。誰かがバトーを狙う。バトーは自己防御の態勢に入る。銃弾が飛んで来る。銃弾を撃ち返す。どうしたことか、自己を防御するには、イノセントな人間を撃ち殺さなければならないようにセットされている。そこでバトーは、自爆することによってではなく、自分の腕を打ち抜き自傷することによって難局の半ばを乗り切る。バトーは自傷か自爆かを自由に選択できる主体であることが示される。この点で、バトーは「魔女」に相当すると見ることができる。

魔法をかけられた身体には、ご存知のとおり、主に二つの特徴があります。一方で、魔女の身体は、一連の魔力によって取り囲まれ、いわばその恩恵に浴する身体です。そうした魔力を現実のものと考える者もいれば錯覚であると考える者もいますが、それはさして重要なことではありません。魔女の身体は、移動したり移動させられたりすることができます。魔女の身体は、その姿を現したり消したりすることができます。魔女の身体は、不可視になったり、場合によっては不死身になったりもします。要するに、魔女の身体は、いわば、物質性を超えるものであるということです。また、他方、魔女の身体は、常に何らかのしるしを持つということによっても特徴づけられます。すなわち、魔女の身体には、染み、感覚不可能な部分などといった、悪魔の署名のようなものがあるということです。これは、悪魔が自分の所有になるものを識別するための方法です。……魔女の身体は、一方で、魔力の恩恵に浴する身体であり、これによって、悪魔の力にあやかること、したがって自分を追い立てるものから逃れることが可能になります。しかし他方、その身体は、しるしづけられた身体であり、そのしるしによって、魔女は悪魔に結びつけられると同時に、悪魔を狩り立てる裁判官ないし司祭にも結びつけられることになります。魔女は、魔力によって能力を高められるまさにそのときに、自らのしるしによって束縛されるのです。

悪魔の署名のしるしとは、バトーにおいては、頭蓋の内部に僅かに残されている生身の脳髄のことである。その脳髄は、自由意志が宿るべき座である。とすれば、バトーが自由意志を行使できるというそのことが、悪魔としての人形使いとの契約のしるしであると考えなければならない。バトーの自由意志は、悪魔憑きの状況から自身を救出するために作動する。しかもバトーは、自由意志を行使する主体であるというまさにそのことにおいて、人形使いの恩恵に浴すると同時に人形使いの所有物となっている。

魔女においては結局、法的なタイプの意志が想定されています。魔女は、悪魔から快楽と力とを得るその代わりに自分は悪魔に身体と魂を与えるという交換条件に合意します。魔女は、交換に合意し、契約に署名します。要するに、魔女は法的な主体なのです。

バトーが取り交わす契約は、人形使いを統治者とする服従契約である。人形使いの統治の下で、バトーは自己を統治し自己の身体のメンテナンスとバージョンアップを行なう。そこから脱出する道は、草薙素子のように人形使いにダイブして一体化する以外にはない。そして人形使いの統治の下で自己を統治するバトーは、他者を統治する職務を担うわけである。

自由意志と奴隷意志

警察・ポリス・ポリツァイのテクノロジーに拘泥する作品がしばしばそうであるように、『イノセンス』もまた、コントロール社会の法と秩序に生じる傷を修復する物語である。そして『イノセンス』においては、法と秩序の傷を修復する主体は、法と秩序そのものの契約主体として設定されている。この主体が一時的に傷を負うにしても、それは自傷の結果であるからには、主体の自由意志はイノセントで無傷なままにとどまる。その限りにおいて、バトーには何の不安もないし、その主体は揺らぐことがない。

一方で、この事態を肯定的に評価することができる。バトーは人形使いの存在を知っている。言い換えるなら、自己を創造する神のことを知っている。バトーは自己の存在と能力の起源の創作者を知っているからには、コントロールされていることに何の不安も感じないし、むしろコントロールされることとコントロールすることを統合して自己の生存の技法としている。例えば、自己の記憶能力の起源を知っているからには、自己の記憶や存在の起源に関して思い悩むことはない。自己の起源の記憶がよしんば捏造された記憶であったとしても、当の記憶能力を装填した人形使いの能力そのものを過不足なく知っているし、記憶を操作されることと記憶を操作することが統合された能力、これをコントロールする能力を自由意志として確保しているからには、原光景やトラウマをめぐる起源の問題に囚われることもない。バトーにとっては、想起しえず語りえぬものをめぐるノスタルジー（『ブレード・ランナー』）や、監視社会の外部へと脱出せんとする形而上学的欲望（『トゥルーマンショー』）は擬似問題にすぎない。バトーは旧来の神学が設定してきたアポリアのすべてを自由意志の名をもって退けているのである。バトーの内部にあるのは、人形を内部で操る「神学という名の小人」（ベンヤミン『歴史哲学テーゼ』）ではなく、人形の自由意志を担保する脳髄の欠片であるからには、バトーには思いもかけぬ創造性とイノベーションの自由の可能性が潜在していると評価してもよいかもしれない。

しかし他方で、バトーの揺らぐことのない主体性にはどこか怪しげなところがある。その自由意志の正体が問い詰められないまま放置されているからである。

神は三つの奇蹟を行なったとされることがある。すなわち、神人（イエス・キリスト）の創造、無からの創造、自由意志の創造である。これらのうち神人の創造と無からの創造に関しては、既に世俗化されアニメ化されてきたと言うことができる。実際、人形使いは物質から人形＋人間としてのサイボーグ・バトーを制作した。というより、バトーが自己の制作に関して人形使いと契約を取り交わすことを介して、人形使いは物質と肉体から人形使い＋人間としてのサイボーグ・バトーを制作した。その限りでバトーは、神人の創造と無からの創造に関わる神学的アポリアの世俗版を実質的には乗り越えている。だからこそ『イノセンス』は、近年の映画とは異なり、ゴーストや生死を語りながらも、非宗教的で非神秘的で唯物的な雰囲気を湛えているのである。ところが、自由意志の創造という奇蹟に関しては手付かずのままである。それは世俗化もアニメ化もされていない。例えば、食料品店の難局では、バトーが自由意志の起源の創作者に関して本質的に無知で無力であることが露呈している。自由意志とて決してイノセントではないのである。そして、ゴースト概念は一般的なスピリットと個別的なソウルの双方を曖昧に意味しており、ゴーストがいかに個体化するかも曖昧なまま放置されている。さらに、人形使いと一体化した草薙素子がいかにして個別の義体に降臨しうるのかも曖昧なまま放置されている。つまり、各個体の個体性の本質をなすとされる自由意志の起源と作動形式が問題化されずに放置されている。言い換えるなら、人形使いと自由な人形の両者を創造するものに関して何も問われていないのである。

中山巡査とガイノイドは人形使いに取り憑かれ自由意志を奪われた奴隷的な身体であったが、少女愛のコードにせよ警官のコードにせよ、コードを直接に受肉する身体は、コードが不可避的に孕む行き詰まりのために必ずや自滅していく。少女愛に真摯に取り憑かれれば取り憑かれるほど、少女愛のコードを自己の脳髄と肉体の宿命として誠実に生き抜こうとすればするほど、奴隷意志は、コントロール社会の法と秩序を内部から腐食させ崩壊させせかねないから、必ずやコントロール社会によって潰されてしまうだろう。コントロール社会において密かに怖れられているのは、自由意志ではなく奴隷意志であり、だからこそ、コントロール社会の意を呈する自由意志が、奴隷意志を監視する任を負うのである。ところが、ガイノイド自爆とバトー自傷で示されたように、警察官のコードを少女愛のコードへ変更したりサイボーグのコードを少し操作したりするだけで、悪魔憑きの人形が出現してしまうし、魔女の自由意志は容易く悪魔憑きの奴隷意志に変化してしまう。とすれば、そんな怪しげな自由意志に対して創造的な自由など期待できそうにもない。自由意志でもって奴隷意志を取り締まらせている何ものかを問い質すべきなのである。

警官のコード、少女愛のコード、サイボーグのコード、これらとは区別される人形愛のコードを、魔女でも悪魔憑きでもない仕方で体現する主体、これを描き出さない限り、アニメーションにおいても現実においても、人形使いと自由な人形たちのコントロール社会はそのイノセンスを誇り続けるであろう。

付記

『イノセンス』では、何故人間は人形を作るのか、何故人間は自分の似姿を制作するのかと問われている。この人形愛をめぐる問いは、何故神は人間を創造したのか、何故神は人間になったのか（クール・デウス・ホモ）という神学的な問いと同型であると言うことができる。この辺りは思考を誘うが、ここでは『イノセンス』が引証しているデカルトの逸話に触れておくだけにする。デカルトは娘フランシーヌを五歳で亡くしているが、ある逸話によると、デカルトは、フランシーヌの人形（言われているのが、娘に似せて象られた人形のことなのか、娘が愛玩していた人形のことなのか曖昧であるが）を鞄に納めて終生持ち運んだということになっている。この逸話には様々なバージョンがあるようだが、かなり流布していて、栃木県壬生町おもちゃ博物館にも同趣旨のパネルが掲げられていたし、『ニューヨーク・タイムズ』でも紹介されたことがある（香川知晶氏のご教示による）。

ところで、この逸話の出所は不明である（ご存知の方はご教示願いたい）。デカルトの著作や書簡にはそれを示唆する記述はないし、デカルト死後間もなく書かれたバイエの伝記には、デカルトが終生持ち運んだ鞄の中身の一覧表（書き物に限られてはいるが）があるが、ここにもそれを示唆する記述はない。したがって、歴史文献学的には確証のない伝承にすぎないということになる。

そんなこともあって、この逸話は大方の研究者にとっては何となく耳障りなようであるが、私自身は、デカルトに相応しい、いかにもありそうな、よく出来た伝承であると考えている。というのも、よく知られているように、デカルトは動物機械論を唱えたが、それだけでなく、人間は神に創造された完全機械であると唱えたと解することができるからである（もちろんここには解釈上の争いがある）。デカルト哲学は、神と人間の人形愛をめぐる思考であると解することもできるのである。ここでは『イノセンス』に関連するテキストを二箇所だけ紹介しておきたい。

第一に、バイエが伝える逸話である。機械発明家のヴィルブレシューがデカルトの家に滞在した時のことである。ヴィルブレシューが発明した精巧な望遠鏡については、「デカルト氏は、これは大地の最も偉大な王に、しかも理知において最も完成された哲人王にこそ相応しいと判断したので、それを秘匿するように説得した」。しかしヴィルブレシューが発明した車椅子については、「デカルト氏は、すべての人に、特に負傷兵に有用であると判断して、それを公開するように促した」。そして二人は協力して三、四ヶ月の間、光学的な「驚異」の数々を発明して興じたのであるが、それらの中で「ヴィルブレシュー氏が最も驚いたのは、デカルト氏が、ヴィルブレシュー氏の眼の前に、一群の兵士が部屋を通り過ぎるのを見せた時である。その仕掛けはデカルト氏が隠しておいた兵士の小さな人形だけであった。そして鏡を使ってデカルト氏は、この小さな人形を本来の人間の大きさにまで拡大し、それらが部屋に入り、部屋を通り過ぎ、そして部屋から出て行くように見せたのである」。

第二に、デカルトの主著『省察』の「第三省察」の末尾である。「神が私を創造する際に、神の観念（idea）を私に、製作者が自己の作品（opus）に刻み込む印（nota）のごとくに、植え込んだことは奇異ではない。その印が作品そのものと別の事物である必要もない。しかし神が私を創造したということの一事からして極めて信ずべきことは、私は神の像（imago）と神の似姿（similitudo）として作られたということ、私が自己を知得するのと同じ能力で、神の観念が含まれているこの似姿を知得するということである」。難解な箇所だが、神が〈私〉を創造するという関係を考えるには、最低でも六つの概念、観念・像・似姿・能力・作品・印が必要となることを教えられる。その上で、「神」を「コントロール社会」や「人形使い」に、「私」を「人間」や「人形」に置き換えて、デカルト哲学と『イノセンス』を再検討すること、これは他日を期したい。

第4章

サイボーグ時代の終焉——錬成陣と構築式を血肉化する生体

荒川弘『鋼の錬金術師』

二一世紀の錬金術

誰もがうすうす感じていることだが、二一世紀の生物医学には錬金術の雰囲気がただよっている。二〇世紀後半の生殖技術・クローン技術・幹細胞同定を受けての二一世紀の生物医学には、実験室のフラスコ内部でホムンクルスを作り上げ、それを既存の生体に応用するようなそんな錬金術の雰囲気がただよっている。加えて、二〇世紀後半からのナノテクノロジーをめぐる言説には、物体の構成要素を変成して物体の構造と機能を自在に作り変えるようなそんな錬金術の雰囲気がもっと色濃くただよっている。そんな眼で現在を見返すなら、いたるところに二一世紀の錬金術師を見出すことができるだろう。

錬金術は、無から有を創造する術でもなければ、物質だけから生体を創作する術でもなく、特定の物質を別の物質へと変成する技法であり、特定の生体から別の生体を作り出す技法である。『鋼の錬金術師』の用語に従うなら「錬成」の技法である。それは自然界の法則に従う知でもあるから、トンデモでもオカルトでもなくサイエンスである。本章では、『鋼の錬金術師』そのものを読み解く手前で、その基本設定たる「錬成」の有り様についていくつか書いておくことにする。

最初のホムンクルスは、人間である奴隷23号（後のホーエンハイム）の血液細胞から作り出されている。このホムンクルスは、当初はフラスコの内部でしか生きられなかった。ホムンクルスは、フラスコを自己の身体とはなしえなかったからであるし、そもそも自己に固有の身体を持たない細胞集団でしかなかったからである。ところが、ホムンクルスは、錬金術の奥義たる錬成陣と構築式を使用することによって自らを別の生体へと錬成する。自らを一個の生体へと個体化して人間の姿形へと形態形成する。とするなら、錬金術とは、個体化子と形態形成子を探索し同定して活用することによって、生体を個体化して形態形成する技法である。これは、まさしく二一世紀的である。

現在、生物医学で脚光を浴びているのは、受精卵という極めて特異な全能性細胞に加えて、体性幹細胞・ＥＳ細胞・ｉＰＳ細胞・組織幹細胞といった特異な多能性細胞集団である。そして、生物医学で目指されていることは、フラスコ内において、続いては生体内において、多能性細胞集団を特定の方向へと増殖・分化・統合させて特定の人体部分を作り上げるということである。つまり、そのまま培養・増殖させるだけなら単なる細胞塊にしかならない細胞集団を特定の人体部分へと形態形成するということである。したがって、現在の生物医学は、ヒトクローン作成禁止に見られるように、細胞集団を人体部分へと錬成することを目指すだけであって、細胞集団から人体全体を錬成することや異例な生体を錬成することを目指しているわけではない。現在の生物医学は形態形成の技法にとどまるように見えるのである。ところが、事はさほど簡単ではない。例えばｉＰＳ細胞は、既存の分化済み細胞が再プログラム化されて多能性細胞へと転換されたものであるが、その転換の技法が「初期化」と呼ばれることに示されているように、転換の向かう先の理念的なリミットとして全能性細胞への再プログラム化が想定されているし想定されざるをえない。それは実現不可能であるにしても、初期化の技法に必ずとり付かざるをえない理念である。しかも、初期化の理念的リミットとして想定される全能性細胞は、無性生殖的に生体を生み出す生体として、言いかえるなら、個体化と形態形成をともに実現する生体として、さらに言いかえるなら、錬金術の錬成陣と構築式を内蔵する生体として想定されることになる。簡単に言えば、臓器の部分を再生させる技法があるなら、それは不可避的に人体全体を錬成する技法として想像されてしまうということである。

このように、二一世紀の生物医学は、その形態形成の技法においても理念的な個体化の技法においても錬金術的である。そして、この二一世紀の動向は表象文化にもさまざまな影響を及ぼしている。あるいはむしろ、錬金術的な表象文化こそが、二一世紀の生物医学を牽引しているとさえ言えるだろう。

反サイボーグ

さて、『鋼の錬金術師』の達成を鮮明にするためには、それが二〇世紀を席巻してきたサイボーグ表象文化に終止符を打つものであると指摘しておくのがよいだろう。原克は、その優れた著作『身体補完計画　すべてはサイボーグになる』で次のように書いている。

人間機械工場、部品交換の時代、境界侵犯の系譜、機械と生体の一体化構想。たとえば、義手や義足といった人工装具、あるいは、生体摘出手術や臓器移植、さらには、人工心臓や人工腎臓といった人工臓器。はたまた、フィードバック回路を使った「触覚をもった機械」などなど。つまりは、なんらかの人為的手立てでもって、身体を補完する科学的試みの系譜。言ってみれば身体補完計画。こうした、さまざまな科学的試行が、二〇世紀を通じてくりかえし登場してくる。そして、それら科学的試行が生む身体表象の織りなしのなかから、徐々に、後年、サイボーグ的身体表象と呼ばれることになるなにものかが浮かびあがってくるのである。それは、二〇世紀型身体表象が誕生する過程と言ってもよい。

原克が指摘するように、サイボーグ表象の起源は、人体の部分を機械でもって交換し代用できるという経験にある。ところで、機械が生体を補完するという経験は、必ずしも機械と生体の一体化という表象だけを生み出すわけではない。例えば、人工装具や人工臓器は、たしかに四肢や臓器の構造や機能を多少なりとも模倣して制作されるにしても、実際には、四肢や臓器をそれとして構成し機能させる原理（構築式）に基づいて制作されるのではなく、あくまで、その時点で応用可能な機械論的で工学的な原理（構築式）に基づいて制作されるのであって、それを人体に宛がってみたなら偶々多少はうまく機能するといった具合なのである。したがって、そこでは理論的には機械が生体に対して優位になっているために、今度は逆に、四肢や臓器が「複雑で精妙な」機械であると見なされるようになる。その果てに、生体そのものが機械的なものと見なされるようになり、人体のほとんどを機械で置換することも可能であると想像されるようになる。要するに、サイボーグ表象とは、機械論の時代、産業主義の時代の産物なのである。このサイボーグ表象を促進してきたものとしては、他にもコンピュータをあげておかなければならない。コンピュータは脳の構造や機能を真似たものではない。電子工学的に制作されたコンピュータの構造と機能に合わせて、脳が情報論的・認知科学的に表象されているのであって、そうして、脳を機械で置換することも可能であるし、さらに、脳に瓜二つのものを機械的に制作することも可能であると想像されるようになる。再び、要するに、サイボーグ表象は、機械論の時代、ポスト産業主義の時代の産物なのである。

ところで、原克は、「サイボーグ的身体表象」は、「現在のわれわれの基盤的身体表象となっており、もはや廃棄する可能性すら簒奪された所与としてわれわれを拘束していて、そこから外部へと脱出する可能性すらない」と書いてもいる。たぶん現状はその通りなのだが、やはり「外部」は厳然として存在すると言うべきである。『鋼の錬金術師』がその証拠である。私の見るところ、『鋼の錬金術師』は一貫してサイボーグ表象に対して批評的である。順不同に拾っておこう。

①エドの機械鎧《オートメイル》。これは精巧な人工義肢であり絶えず改良を加えられていくが、それを

エド自身の神経に接続するたびに、エドは激痛を訴える。それはエドの肉体に決して馴染むことのない異物にとどまっている。しかも、最終的にエドが敵を倒すのは、手の代用たる機械鎧によってではなく、アルの魂と交換に取り戻した元の手によってである。生体は機械に優るのである。

②アルの鎧。これはアルの魂が付着した鎧である。それは魂を除く人体のすべてを置換し代用する鎧であるから、サイボーグの完成形のはずである。しかも、魂を次々と新たな物質へと再付着させることによって、当の魂の転生を可能にして不老不死を実現できるようにも見える。ところが、作品ではその可能性は否定される。魂は元の身体に必ず引きつけられるだけでなく、元の身体は必ず腐敗していくというのだ。鎧であれ任意の物質塊であれ必ずそれ固有の仕方で摩耗し劣化していくからには、原理的にサイボーグは完成しないし転生も不老不死もありえないことになる。魂＝生命と機械が共生して一体化することはないのである。

③ローテク。『鋼の錬金術師』はその時代設定もあって全体としてはローテクであるが、それは、電磁波による遠隔作用を登場させないためであると見ることができる。作中にテレパシーを揶揄する場面があるように、作品は徹底して反電波系である。機械論と（ポスト）産業主義の時代の表象文化にあって、機械に生命を吹き込むものは雷・光・電

気など主として電磁波であり、脳もコンピュータをモデルとして認識されるために、脳を活性化させるものは主として電磁波的で情報的なものである。総じて、そこでは光の形而上学が支配的なのである。しかし、作中では、光は基本的に副次的な役割しか果たしてはいない。むしろ、光は必ず影を生み出すことにおいて主人公たちを危機に陥れさえする。作品が立脚するのは、光の形而上学ではなく大地の形而上学なのである。

④生体の中枢。人間は魂・精神・身体の三位一体であるとされる。魂は身体から分離可能であるが、精神が魂と身体を結び付けているとされる。つまり、心身が完全に離別することはないのである。この心身関係の設定は今日の表象文化においては異例であることに留意しよう。その上で注意してよいのは、魂が身体から離存するということによって、脳がさして重要な位置を占めなくなるということである。実際、合成獣《キメラ》や人造人間《ホムンクルス》の中枢をなす賢者の石の座は、脳にあるとは設定されていない。魂が身体と結合する座は、脳ではなく基本的に血流である。

⑤死。サイボーグにあって死は必ず訪れることではなくなっている。生体を機械として表象している限り、生体の部分は常に置換可能で修繕可能であると想像されるから、サイボーグはそれ固有の死をもたないことになる。これに対して、作品では、いかに異様な生物であっても、必ず死ぬことになっている。死を運命づけられている。あるいはむ

しろ、生物は必ず死ぬという運命を自ら手繰り寄せることによって自らを生体として証していくというドラマが成立している。

このように『鋼の錬金術師』は反サイボーグ的であるのだが、それが最も如実に示されているのが「構築式」である。サイボーグの機械部分を制作する構築式について想像してみるなら、それは数学的に書かれる式であり、それが電子工学的に実装されて実現されると想像することになる。そして、サイボーグの人体部分についても、それは制作の対象となるものではないが、それでも数学的な式によってモデル化されうると想像することになる。構築式はサイボーグに外在的なものにとどまる。仮にサイボーグが自己の構築式の知と技法を手に入れるにしても、それはサイボーグの脳内に保蔵される情報の一つにとどまり、サイボーグそのものを錬成することはないだろう。これに対し、『鋼の錬金術師』においては、錬成陣内部に書き記されている構築式が、おそらくは人体錬成を契機として、あるいはむしろ自己の人体錬成を契機として、生体そのものに血肉化し、生体そのものが構築式であると語られることになる。そこを精確に読み抜くのは難しいにしても、まさにこの点が『鋼の錬金術師』のドラマの核心をなしている。

生体の差異と反復

ここまで、『鋼の錬金術師』の基本設定の一部について外在的な注釈を加えてきた。そこから作品そのものの読解に進むわけだが、実はそれが難しいのである。四点だけ挙げておこう。

①七人の人造人間の差異。プライドの核・本体は、どうやら小さな胎児形の生体のようである。とするなら、元祖ホムンクルスは、細胞集団を胎児形まで錬成することには成功したということになる。ところが、その胎児形をどのように少年の姿形へと個体化し形態形成したのか、どのように賢者の石と構築式が使用されたのかが問題になる。エンヴィーの核・本体は、小さな胎児形以前の胚の形をなしていて、その生体が賢者の石を内蔵していることが明示的に描かれているので、こちらの錬成については多少なりとも読み取れそうではあるが、そうなるとプライドとの差異が問題になってくる。要するに、七人の人造人間たちの錬成方式には差異があるようであり、その多数多様性が問題になってくる。

②構築式の血肉化の方式の差異。真理のことを生体の構築式と解してみるなら、真理の

扉を開けることによって構築式を血肉化することになると解してみることができる。そうなるとエドとアルとイズミの差異が問題になってくる。また、そうなると、エドが錬金術を放棄したことの意味は簡単には決まらなくなり、今度はエドとホーエンハイムの差異が問題になってくる。そして、これと対比的に、人造人間が構築式を血肉化できない事情が問題になってくる。

③賢者の石の機能の差異。製造法の差異、結晶型と液体型の差異、使用法の差異、それが実現する個体化と形態形成の差異などが問題になる。また、錬成陣・構築式と賢者の石との関係も問題になる。

④生殖の差異。元祖ホムンクルスは七人の人造人間を生み出している。ホーエンハイムは人間との間に二人の子を生み出している。ところが、人造人間ラースは、その個体化と形態形成においてホーエンハイムに似ているはずなのに、あたかも子を生み出せないかのように設定されている。このことは直ちに、プライドの本体をして新たに成長させた技法が何であるのかという疑問を呼び込む。また、元祖ホムンクルスが過去の人間を内蔵し随意に生み出す方式も問題になる。総じて、多数多様な生体たちが互いに食い合い生み出し合うその方式が問題になる。

読み手としての私の非力を棚上げして言うなら、こうした一連の疑問や問題を喚起してくれるからこそ『鋼の錬金術師』は重要なのである。『鋼の錬金術師』は、構築式という基本カテゴリーの下で、多数多様な生体の差異を描き分け、しかもその差異によってドラマを構成して駆動させている。例えば、エンヴィーが巨大化した姿形にしても、プライドが影を放射する姿形にしても、その図像は圧倒的な強度を備えており、それがドラマを推し進めていく具合になっている。だから、一連の疑問や問題はすべて、作品によって読み手に課されるものであるが、作品において内在的・芸術的に解決されており、読み手はそこから学び取るだけでよいと思うことができる。要するに、『鋼の錬金術師』は、傑作の条件を完璧に満たしているのである。

私の知る限り、これまで生体の変容をテーマとした表象文化は粗雑で凡庸なものばかりであった。しかし、『鋼の錬金術師』は、サイボーグ文化表象の外部を開いただけではなく、従来の生命表象文化を圧倒的に凌駕する仕方で、生体の差異と反復のドラマを描き出している。二〇世紀以来の科学文化と表象文化は錬成されたのである。

第5章

No Sex, No Future ——異性愛のバイオ化・クィア化を夢みることについて

岩明均『寄生獣』

【前書】このたびの映画化とアニメ化を通して初めて『寄生獣』に出会っていく人が多いと思われるので、本章では、ストーリーには言及せず、その主テーマだけについて論ずる。

『寄生獣』には、バイオテクノロジーのさまざまな知見が活かされている。あるいは逆に、『寄生獣』に見られるさまざまな着想は、バイオテクノロジーを秘かに賦活しているヴィジョンを指し示してもいる。そのようにして、『寄生獣』の着想とバイオテクノロジーの知見は、一対一に対応しないのは当然ではあるものの、いわばイマジナリーな次元で互いに通じ合っている。つまり、『寄生獣』は、現実のバイオテクノロジーに先駆ける仕方で、人間の未来を幻視させてくれる作品である。

例えば、寄生生物は、典型的には、人間に侵入してから脳を奪い、次いで「同化」して全身を操るようになる。この過程は、寄生生物の細胞が人間の脳細胞に置き換わりながら、人間の脳神経系が胚細胞期から時間をかけて辿ってきた発生・分化の過程全体を、極めて短時間のうちに反復する過程として構想されている。そして、人間の脳神経系の発生・分化の過程は同時に学習過程でもあるが、寄生生物は、極めて短時間のうちにそれを反復する生体として構想されている。それだけではなく、極めて短時間のうちに、人間の筋肉や内臓を「拝借」して神経的にも生理的にも統御する能力を習得する生体として構想されている。このような構想から透かし見えてくることは、各種の幹細胞研究を賦活しているヴィジョンである。歴史的に精確に言い直すなら、『寄生獣』は幹細胞研究ブームに先行しているので、『寄生獣』こそが、そのようなヴィジョンを提供したと言えよう。

幹細胞は、自己を複製しながら同時に自己を分化させ、さまざまな種類の細胞を産生し、組織や器官を発生させ維持していると見なされている特異な細胞である。事実通りにではなく空想化して言うなら、例えば、人間の肝臓が、個々の細胞の寿命は有限であって死滅していくにもかかわらず、それなりに長い期間である人間の生涯を通してその形態を維持して機能していけるのは、幹細胞が必要に応じて分化し、死滅する細胞の減少分を補填しているからである。それと同時に、幹細胞の分化のシステムそのものが肝臓の形態を維持してもいるからである。とするなら、ここからがバイオテクノロジーのヴィジョンになるが、その形態と機能が病んでいる肝臓に対して、いわば生きのよい幹細胞を供給してその発生と分化をうまくコントロールしてやるなら、肝臓をして再生させてやることも可能になるかもしれない。とするなら、ここからが空想的なヴィジョンになるが、人間の肝臓の幹細胞を特殊な幹細胞で置き換え、内部からその発生と分化をコントロールしてやるなら、そのとき人間の肝臓は、過去の形態と機能を引き継ぎながらも、それとは似ても似つかぬ新たな機能を付加された寄生生物として現出することになるだろう。そして、仮に脳神経系に幹細胞に相当する細胞が存在するなら、仮に存在しないとしてもそれに相当する細胞を賦与しうるなら、寄生生物も決して夢ではないだろう。こんな具合に、『寄生獣』とバイオは照応しているのである。

ここで注意すべきは、『寄生獣』は、狭義のバイオテクノロジーに照応しているだけではなく、ソーシャル・バイオロジー（社会生物学）にも照応しているということである。この点が、数あるバイオ系の芸術作品の中で、『寄生獣』固有の特徴となっている。ただし、厄介なことに、社会生物学の理論そのものが必ずしも定まっていないため、その理論につきまとうはずのヴィジョンもそれとして定め難くなっており、『寄生獣』との照応関係も曖昧になったり混濁したりしてしまいがちである。それでも、この点は、『寄生獣』の読解において決定的に重要なところなので、当て所ない議論にならざるをえないが、ありうべき照応関係の例示をしておきたい。

人間の右手を乗っ取った寄生生物のミギーは、犬の脳を乗っ取った寄生生物に遭遇して、こう述懐している。「イヌに宿ったものはイヌだけを食う　人間に宿ったものは人間を食う」、「とも食い専門の新生物というわけだ」とである。既存生物の脳を乗っ取った寄生生物が、「同種」の既存生物を捕食するということは、一応は理に適っていると解することはできる。一般に、寄生と捕食には何らかの関連性があるとは言える。ところが、社会生物学においても関連学問においても、寄生と捕食の関係について定説があるわけではない。また、寄生生物の範囲をどこまでとるのか、ウイルスや遺伝子の範囲まで考慮に入れるのかについても合意があるわけではない。また、私の知る限り、その点に関して、さして面白い議論も見られない。だから、既存の学問の方から、寄生と捕食の関係についてヴィジョンを描き出すことはその意味で難しくなっている。したがって、既存の知識に頼ることなく、『寄生獣』は寄生と捕食の関係を描き出していかざるをえない状況に置かれていることになる。言いかえるなら、われわれは、寄生と捕食の関係については、『寄生獣』だけを読み込まなければならないわけである。そこに『寄生獣』の困難がある。

この論点を、少しだけ追ってみる。寄生生物は感染しないようである。言いかえるなら、寄生生物は、ある人間の身体から別の人間の身体へと「移動」できないようである。

別の人間の身体の寄生生物の内部には移動できるようであるが、寄生生物は、宿主たる人間の身体から離脱すると死滅するようになっている。これは少しばかり奇妙な設定であると言えば言えよう。精確に言い直すなら、その整合性をどの水準で受けとめるべきか迷わされるのである。とりあえず、寄生生物は個体発生を反復し、寄生生物は個体性を獲得してしまうが故に、別の個体への感染も移動もできなくなっていると解してみることはできる。となると、寄生生物同士は「同種」であるとは簡単には言えなくなるかもしれない。寄生生物は、一つの個体で一つの新種をなす生命体と言うべきであるかもしれない。とするなら、寄生生物が食うべき生体は、寄生生物の身体部分の構成要素を補うべき生体であるから、なかんずく通常の人間であることになる。それが最も効率的な栄養補給活動になるのだが、実は、捕食の対象は他の寄生生物であってもよいことにもなる。まさに「とも食い専門」の新生物なのである。しかし、である。寄生生物の中には、人体以外の食事でもって栄養補給を行なう者もいる。だが、寄生生物の種ないし品種の差異を考量するなら、これは不思議なことではなくなるかもしれない。いずれにせよ、寄生生物の身体機能は人間のそれであるのだから、その限りで人間の食性を継受してもおかしくはない。

例えば、寄生と捕食、同種と異種といったテーマを追ってみるなら、このように読解は当て所なく困難になるのだが、ここから結論しておきたいことは、そうであるとするなら、『寄生獣』にあっては、「とも食い」をめぐる線は作品の本筋とはなり難いだろうということである。言いかえるなら、作品全体を通して鳴り響いている問い、「寄生生物《わたしたち》の存在する意味」とは何かという問いに対する答えは、人間を絶滅させることにあるとは読めないということである。さらにまた、寄生生物は、「地球」にとって「害」となった人間に対する「中和剤」であるとする答え、エコロジカルな装いも凝らされて押し出されているその答えは、あくまで副次的なものであって、真の答えではないということである。実際、寄生にせよ捕食にせよ感染にせよ、その対象たる生物種が死滅しては元も子もなくなるわけであるから、そこには対象生物種を殺しながらも生かそうとするロジックが内在しているはずである。ところが、私の知る限り、そこを的確に解明している理論は存在しない。だから、繰り返しになるが、理論にまつわるヴィジョンも描けないし、それに呼応するはずの芸術作品的なヴィジョンも想い描けないようになっている。そこに『寄生獣』の困難がある。

同様に、本筋かもしれないがそうは解せないテーマはほかにも複数ある。例えば、右手の義肢性、細胞融合、利他行動、睡眠などである。ただし、それらは伏線としても機能しているので、そのように解しておいて、いまは端的に本筋だけを取り出してみたい。

私の解するところ、『寄生獣』の主題は、性の差異の発生である。それに関連する箇所を拾い上げて並べておく。

①当初から、ミギーは、「人間の生殖行動」に「興味」を抱いている。

②寄生生物の田宮良子は、同じく寄生生物のAとセックスして妊娠するが、その子供は「正真正銘の人間」である。それにしかならない。このことから田宮に疑問がとりつく。「だとすると　わたしたちはいったい何なの?」、「繁殖能力もなくてただ　とも食いみたいなことをくり返す……こんな生物ってある?」とである。ミギーもその疑問を共有する。「わたしも不思議に思っている」。

③田宮良子は、「何かの実験に使えるだろう」ということで、子供を出産する。その意図の読解は、本筋に関連する限りでの物語の水準において可能であろう。

④女性身体の寄生生物が、そこからの分離に成功して、男性身体に移動し結合し蘇生するが、「もはや異性の体に合わない」とされている。ここを性の差異の発生と解することはできない。操作対象としての「生殖器のあたりの構造」の差異だけが問題になっているにすぎないからである。この段階では、寄生生物は人間の生殖器に侵入できていないのである。

⑤ミギーは「脳を食わずに成熟してしまっては全身の操り方がわからん」ということで、シンイチの身体の生理的変化を通して「情報」を取るようになる。このとき、右手だけでなく脳神経系を含む身体全体へ拡散して、いわば寄生生物と人間の血が混じる。この過程を加速させるのが、『寄生獣』の白眉をなすと言える、シンイチの心臓を修復するシーンである。そこでは、当然にも幹細胞の操作も行なわれているはずである。

⑥ミギーは、一日のうち四時間ほど「完全に眠ってしまう」ようになる。ここも読解は難しいが、寄生生物が人間の細胞周期と同期し始めたと解しておく。

⑦田宮良子＝田村玲子は、「「仲間」全体の未来への可能性」のために、「貴重なサンプル」であるシンイチを保護するようになる。その意図の読解も、本筋に関連する限りでの物語の水準において可能である。

⑧シンイチが里美とセックスした後になって、ミギーは「外面の活動」を停止して「眠り」につく。その際に、「内部構造がまた少し変化」したから、と告げている。ここが決定的に重要な段階である。

以上の流れから推測されるのは、ミギーが、シンイチの生殖（幹）細胞にも融合したということである。したがって、すでに指摘されていることだが、[*1] シンイチの子供は、「パラサイト・ハーフ（クォーター？）」として生まれるはずである。この意味で、寄生生物の存在の意味の問いに対する田宮良子＝田村玲子の答え、「寄生生物と人間は、1つの家族だ、我々は人間の「子供」、なのだ」を理解することができる。寄生生物は、人間の幹細胞由来の特異な変異体であると解することができる。そして、シンイチはすでに「パラサイト・ハーフ」であるからには、最後に里美を救ったのはまさしくシンイチの右手であると解することができる。その上で、社会生物学の理論との照応関係を確認しておこう。

作品中では、リチャード・ドーキンスの「利己的遺伝子」説に言及されている。そこで流れている議論を取り出すなら、こうなっている。動物は一般に利己的に行動すると前提してみる。そのとき、利他的に見える行動をどう説明するのかという問題が発生する。例えば、外敵から子を守るために自ら犠牲も厭わない親がいる。あるいはまた、自らのためにはならないように見えるのに、「助産婦」や「看護する者」の役割を担う者がいる。これら利他的に見える行動を説明するために、種を守る本能を持ち出すことはできない。動物の利己性は、個体を守ることであって、種を守ることではないからである。また、種内部での子殺し行動も見られるので、種を守る本能を前提とすることはできないからである。とするなら、動物の利己性を前提として、利他的に見える行動を説明するには、利己性のことを、個体の維持のためというよりは、個体の遺伝子の維持と継受のためと解さなければならない。しかし、それでも問題は残る。自己の遺伝子との共通部分がさほど大きくはないと思われる血縁関係のない他者を救助したり保護したりする場合があって、その説明をどうするのかという問題である。その場合、利他的な道徳意識の類が作用しているのは明らかであるから、今度は、「利己的遺伝子」説でもってそうした意識の起源と作用を説明できるのかということになる。もちろん、定説や定見があるわけではないが説明は可能である。その限りで、『寄生獣』では、田宮良子＝田村玲子が、おのれと遺伝子的関連のない子供を保護せんとする物語が紡ぎ出されていくのだが、注意すべきは、この「利己的遺伝子」説への言及は本筋に直接には効いてはいないということである。

では、本筋に呼応するかもしれぬ理論をどこに求めるのがよいであろうか。適切なものは見当たらないので、ここでは、そのあたりを漠然とであれ示唆するために、エドワード・O・ウィルソンから引用しておく。

＊1　パラサイト博物誌編集部『寄生獣の秘密』（データハウス、一九九四年）八四頁。

有性生殖はいろいろな意味で消費的な生物行動である。生物器官は構造、求愛構造の長さ、エネルギー消費において精巧になっていく傾向にあり、また遺伝的な性決定機構は微妙に調整されているが、容易に乱されてしまう。さらに、個体が有性生殖をしていると、各配偶子中へのかれの遺伝的投資は2分の1になってしまう。もし卵が単為生殖で発生するなら、それによってできた子の遺伝子はすべて親と同一になるだろう。有性生殖では半分だけが同じであり、いいかえれば、その生物は投下資本の半分を捨ててしまっている。なぜ配偶子は有性的にではなく単為生殖的に生物体へと発生できないのか。また、その投下資本のすべてを救えないのかについての本質的な理由はない。では、なぜ性が進化したのだろうか？[*2]

なぜ性の差異が誕生したのか。なぜ性（の差異）は進化したのか。これから性の差異はどうなってゆくのか。また、なぜ有性生殖が誕生したのか。なぜ有性生殖が維持されてきたのか。これから有性生殖はどうなってゆくのか。さらにまた、なぜ異性愛は誕生したのか。なぜ異性愛は維持されてきたのか。これから異性愛はどうなってゆくのか。ウィルソンの取り散らかった叙述にも窺えるが、定説も定見もない。一連の問いの一部に対して、幾つかの説は唱えられてきたが、それらは概ね、有性生殖成立以降の種々の結果＝効果を論うことによる説明にしかなっていない。性（の差異）の進化のうち、性的二型の進化を説明する性選択論は、それなりに理論的力能は高いが、性の差異を前提として成り立つ理論であるからには、およそ一連の問いに答える理論になるはずもない。また、ウィルソンも示唆するごとく、単為生殖と有性生殖の双方が可能であり、環境次第で一方から他方へと移行する生物種や、個体発生の過程で性を転換する生物種や雌雄同体の生物種についてなら、単為生殖に比して有性生殖が優勢になる次第を説明できる場合があるが、それもおよそ有性生殖そのものの発生と進化の理論になるはずもない。この点で、W・D・ハミルトンは、寄生－宿主関係を考慮に入れながら性比の変化について幾つかの論文を書いているが、残念ながら、それらも基本的な問いに答えるものにはなっていない。だから、これも残念ながら、『寄生獣』に呼応するものにはなっていない。[*3] 他方、多細胞生物の発生と進化の説明を目指して寄生にも言及する細胞共生

＊2　エドワード・O・ウィルソン『社会生物学［合本版］』（伊藤嘉昭監修、新思索社、一九九二年）六六二頁。

＊3　cf. W. D. Hamilton, *Narrow Roads of Gene Land: The Collected Papers of W. D. Hamilton, volume 2 The Evolution of Sex* (Oxford University Press, 2001). 次のものが概説として有益である。巌佐庸「進化における性の役割」『講座進化7』（柴谷篤弘他編、東京大学出版会、一九九二年）。

説は、これも残念ながら、寄生と性の関係について何か有意味な知見をもたらすものにはなっていない。[*4] 結局のところ、われわれは、諸学問からの支援なしで、手持ちの断片的な理論的知見だけで、一連の問いを考察せざるをえないのである。『寄生獣』は、まさにそのような困難な課題に取り組んでいるのである。

ともかく、以上を元手にして、ミギーの役割をまとめ直してみる。ミギーは、人間身体の一部と置き換わり、それを補塡する新たな身体部分を形成する。やがてミギーは、人間身体全体に転移して浸透しながら、各種の細胞と融合したり各種の幹細胞を置換したりする力能を獲得してゆく。その過程で、ミギーは、休止期を一部とする細胞周期を習得し、各種の新たな器官や組織へと発生・分化する。ミギーは、男性生殖器を身体器官として操作する限りでは男性化していると言えるが、しかしまだ生殖器官に転移して融合したり生殖幹細胞を置換したりするにはいたっていない。端的に言うなら、体細胞系列だけを知るにすぎないミギーは、どのように減数分裂を行なうべきかを摑めていないのである。ミギーが、それを摑むことに、「寄生生物」の「仲間全体の未来の可能性」がかかっているのだ。こうして、あげて問題は、シンイチが有性生殖を行なう異性愛者として成長することにかかってくる。寄生生物の使命からするなら、何としてでも、シンイチをして異性との性行動に赴かさなければならないのである。こうした本筋によって、男女が抱き合うシーンを頂点とする異性愛の凡庸な物語は、バイオ化しクィア化する。例えば、シンイチをして人間の子供を保護する愛を習得させるためには、田宮良子＝田村玲子の命がけの「実験」を要するのである。例えばまた、シンイチをして有性生殖の意味は単なる同種の再生産に存するのではなく、したがって同種を保存する本能や異種を絶滅させる本能などまったく無関与であることを習得させるためには、大量殺戮を潜り抜けながら、田宮良子＝田村玲子のいう寄生生物の「弱さ」を思い知らせる物語を要するのである。このようにして、『寄生獣』の叙事詩の総体が、シンイチが人間女性と性交する場面を用意しているのである。そのとき、ミギーは、その「生命体験」を通して、終に生殖細胞の秘密を摑む。シンイチは、人間と寄生生物の未来の可能性を担い、クィアな異性愛者として有性生殖へ向かうことになる。その来たるべき子供は、人間と寄生生物の未来である。

周到で見事な作品である。だからこそ、と言うべきだが、初めて読んだときから、私は、その困難に関連してでもあるが、漠とした違和を感じてきた。いまだ的確には言えないので、迂回して述べてみる。近年、多くの人が、言いかえるなら、多くの異性愛者

＊4　佐藤七郎『細胞進化論』（東京大学出版会、一九八八年）参照。

が、その立場の如何を問わず、生殖技術や不妊治療に入れ込んでいる。それとは無関係とは思えないが、これまた多くの異性愛者が、少子高齢化対策に入れ込んでいる。そして、そのような仕方で、未来は子供に存するとか、子供が未来を拓くといった月並みな物言いに入れ込んでいる。私の見るところ、こうした動向は、過去に批判されていた異性愛中心主義の単なる復古ではない。そうではなくて、各種の異性愛批判を考慮に入れた上での異性愛擁護なのである。そして、いまや、こんな空気が漂っている。すなわち、子供は未来であるから、人類の絶滅を望まない限り、どんな新生児でも歓待しなければならない。どんな性的志向を有していようとも、単身者であろうとも、新生児を歓待しなければならない。ところで、生殖技術の使用に反対する人がいるかもしれない。しかし、生殖技術は、異性愛者以外に対しても子供＝未来の可能性を拓く。それだけではない。代理出産など、旧来の異性愛者中心の市民社会の暗黙の家族規範などを打破する可能性も秘めている。異例な家族や親密圏に対しても、子供＝未来の可能性を開いているのだ。バイオテクノロジーは、一方で異性愛者以外の人間に対して新しいヴィジョンを提示し、他方で旧来の異性愛にトラブルをもたらしてくれるのだ。実際、男性も女性もそれぞれが医療体制の下での犠牲も引き受けながら、あえて不妊治療を行なって異性愛と有性生殖へ投企している労苦に対しては、もはや誰も反対できなくなっているではないか。以上のような空気の中で、多くの人は秘かに、こう思いたがっている。すなわち、いまや異性愛も有性生殖も反‐自然化しクィア化してきたからには、過去の批判はすべて免れているのだ、とである。いまや異性愛と有性生殖は、政治的にも倫理的にも、恥じることのない、恥じてはならない、光と影に彩られる先端的な営みなのだ、とである。かつては、それが有性生殖に向かわず不毛であるということで同性愛は反自然的と評されてきたとするなら、いまや、同性愛をはじめ異例な性こそが自然なのであり、異性愛こそがバイオ化・テクノ化することでクィア化しているのであって、かつてクィアに向けられた肯定論は、そっくりそのまま、すべて異性愛に使い回せるのである、とである。いまや、異性愛者は臆するところがない。

『寄生獣』は、こうした動向に先駆けて異性愛のバイオ化・クィア化を描いた偉大な作品である。そうであるからこそ、いまや、『寄生獣』が開いた地平に対して、批評的な眼を向けなければならないはずである。*5

*5 No, Sex, No Future に対抗するものとして、次のものをあげてみることはできる。Lee Edelman, *No Future: Queer Theory and the Death Drive* (Duke University Press, 2004), and Lee Edelman, "Even After: History, Negativity, and the Social," in Janet Halley & Andrew Parker eds., *After Sex?: On Writing Since Queer Theory* (Duke University Press, 2011). 私にはそれが有効な批判になるとはとても思われない。しかし、私に代案はない。

【後記】本章は、『寄生獣』を初めて読んだときにも、『生殖の哲学』準備過程で読み直したときにも感じた違和について、あらためて述べたものにとどまっている。なお、偶々であるが、この四月に私用で堺市に行ったとき、『寄生獣』の東福山市役所のシーンの撮影が市役所で行なわれているのに遭遇した。何か因縁浅からぬものを勝手に感じている。

第Ⅱ部　精神的

第1章

奇妙な愛が、われわれを見放すときは決して来ないからには

王兵『収容病棟』

映画『収容病棟』は、中国雲南省の精神病院のドキュメンタリーである。このような映画の撮影許可が出たということ自体が驚くべきことであるし、その際に課せられたはずの制約の内部で何らかの精神医療制への批判が表現されているはずだと見たくなるものであるが、ドキュメンタリーはそのような意図を裏切るべきものであろう。もちろんドキュメンタリーには作品化される過程での作家性が刻印されるものであるが、それをも裏切る仕方で何ごとかが映し出されるはずのものであろう。

この映画には、三つのタイトルがある。まず、中国語の原タイトル「瘋愛」。そして、日本語版の「収容病棟」と、英語版の「'Til Madness do us part」である。

英語タイトルは、中国は狂気からの解放の途上にあるという印象を、あるいはまた、狂気にとらわれる人々をひとしなみに収容する狂気からの解放の途上にあるという印象を与えるかもしれないが、この映画を観るほどの人なら、英語圏の人々もその二重の意味での解放からほど遠いことを承知しているはずであり、英語タイトルについては、

「われわれ」すべてが狂気からの解放の途上にあるというメッセージとして受けとめるだろう。あるいはむしろ、狂気が「われわれ」を見放してしまうまでのその途上において「われわれ」は泣き笑いしているに過ぎないというメッセージとして受けとめるかもしれない。

ところで、王兵《ワン・ビン》が映画『カッコーの巣の上で』（一九七五年）を意識していないはずはない。この映画は、脱施設化・脱病院化の運動や反精神医学・反臨床心理学の運動にインスパイアされたものであり、インディアンの被収容者が、電撃療法用の装置を放り投げて鉄線入りの窓を突き破り、病院施設の外部へと歩み去っていくシーンで終わっていた。当時の観客は、若い頃の私も含めて、そのインディアンの歩みの先で何が待ち受けているかについていささかの楽観も抱いてはいなかったが、それでもやはり、精神（科）病院からの解放が個人の解放と一致するはずであり一致するべきであるとする楽観的なヴィジョンを抱いていた。おそらく、病の安定を求めるよりも、健康よりも、豊かな暮らしよりも、差別なき平等よりも、はるかに強く、自由を求めていたのだ。

そのような自由への希求を、王兵はまったく持ち合わせていないように見える。王兵は、病院施設を出て一時帰宅する朱小宴《シュー・シャオイエン》を追っている。両親は、彼の帰還を歓迎しているようには見えない。カメラが向けられているせいもあろうが、父は彼を避けて奥へと引っ込み、母は彼に対して夜に叫び出してくれるなと注文するだけである。言葉が交わされることはない。視線が交わることもない。テレビは点けられているが、彼は見ない。古い雑誌を、彼は貪り読む。読み終えるや、居場所がなくなる。だから、目覚めるや、家を出て行く。荒んだ街路を、歩く。荒れた野原に沿って、歩く。幹線道路の脇を、歩く。夜が深まっても、歩く。殺伐とした光景には、どう見ても、行く着くべき先も、逃げ出すべき外部もない。「脱」も「反」も意味を持たない。王兵は、「収容病棟」に対する古くからの批判が意味を持たなくなった時代を写そうとしている。

ところで、原作小説『カッコーの巣の上で』（一九六二年）においては、主人公（映画ではジャック・ニコルソンが演じた）は措置入院患者であり、他のほとんどは自発的入院患者であると設定されている。主人公は、未成年者を相手とする性的犯罪のために服役していたが、精神病院の方が居心地が良かろうと信じて狂気を装い、思惑通りに転送される。ところが、本人は気づいていないが、実は、刑務所の秩序を乱した者として精神病質（サイコパス）の診断を下されて病院へと措置されたのである。そして、ここでは詳細を省かざるをえないが、原作小説は、自発的入院患者も病院スタッフに加担して、施設内での自由を求める措置入院患者を窮地へ追い込み死なせる物語になっている。おそらく、王兵は、原作と映画のこの決定的な違いを知っている。だからこそ、偶然の事情が働いたにせよ、措置入院者だけを収容する病棟をその撮影場所として選ぶことによって、入退院の自発性を保証するだけでは決して解決のつかない問題、すなわち、かつては自由が保証するかに見えた解放を、もはや解放的な外部が存在しなくなってしまった世界において探し出すという問題に取り組もうとしたに違いない。

このように見てくると、やはり原タイトルの「瘋愛」が、映画の本筋を示していることがよくわかってくる。外部への自由や内部での自由に代わるものとして、愛が持ち出されているのである。しかし、愛による解放の道にしても容易ではない。この点は詳しくは書けないが、一つだけ記しておくなら、冒頭の場面に登場する人物のヤーパが、最後の同様の場面では、ある経緯から「殴るぞ」と叫び出すことになり、遠くでその叫び声が続くのを背景として（私の耳では確認が難しかったが、ヤーパの叫び声が連続しているものと解せるように構成されている）、施設三階の回廊のベンチで二人の人間が身を寄せ合うシークエンスでもって映画は終えられている。私は、この本筋については、映画の途中での幾つかの愛の描写を含め、すこしばかり釈然としない感じを抱いているが、それは公開終了を待って言われるべきことであろう。

この映画は、その目で見れば思い当たるが、映画史的・文化史的な「引用」が散りばめられている。私は、その中でも、映画『8マイル』でエミネム演ずる主人公がバスの中でメモ書きをするシーンや、ブラジルのスラムで暮らす年老いた精神障害者が彼女の知る僅かな単語を書き並べたノートに着目した名高い研究（その部分訳が『現代思想』二〇〇二年一一月号に訳出されている）を想起させる点でも、伍中松《ウー・シェンソン》のメモ書きのシーンに打たれた。また、薬を呑み下すための水、足を洗うための水、さまざまな様式で排出される小水など、水をエレメントとする構成にも感じ入った。そして何よりも、映画が進むにつれ、その外部なき世界の内部に引き込まれ、同一化の相手となる登場人物を探し始めるよう促されてしまうことに、かすかに動揺させられた。

言うまでもないが、こと精神医療・精神衛生に関しては、どこが先進的でどこが後進的かなど簡単には決められるものではない（この収容病棟には「先進的」な面を見出すこともできる）。被収容者の幸・不幸も自由・不自由も簡単に決められるものではない。それが善いことかどうかについては判断を留保するが、近年の文化においては、そんなことは主要な問題ではなくなっている。まさにその意味で、この映画は、単なる告発のための作品でも単なる中立的な記録でもなく、王兵の作家性抜きには絶対に語れない作品なのである。

第2章

夢でもし逢えたら、素敵なことね

古屋兎丸

夢と覚醒を横断する漫画

政治的に正しい人は、政治的に正しくない夢を見るだろうか。ポルノを規制したがる人は、ポルノ的な夢を見るだろうか。憎悪を憎む人は、憎悪が漂う夢を見るだろうか。総じて（?）、リア充は非リアの夢を見るだろうか。「否」と答えてみたい気持ちが私にはある。そして、そのようであるからこそ、時代は少しばかり狂っているのだと考えてみたい気持ちが私にはある。まともな人が狂った夢を見ていないから、というのではない。まともな人が本当は狂った夢を見ているのにそのことを否認しているから、というのでもない。そうではなくて、まともな人は、その現実に夢が浸透して少しばかり夢見ながら暮らしていることを、すなわち、少し夢見ながら目覚めていることを、すっかり覚醒した生活と信じ込んでいるから、である。

以下、夢・幻想・妄想・幻覚・深層心理・無意識などを、ことさらに区別せずに用いる。それらを区別立てするとかえって見えにくくなってしまう現実があると思うからである。あるいはむしろ、こうである。私たちが夢の渦中での経験を事後的に語るとき、言語が介在していることは確かであるとしても、他方で同時に、漫画や絵画、写真や映像の知覚や記憶が介在していないはずがない。いまは、言語のことは脇に置くなら、夢は原理的に画像化されうるものであると、画像化の可能性がなければありえないものであると思わざるをえない。とするなら、いっそ方向を逆転させて、画像こそが、外的現実と内的現実を跨いで、夢の現実を構成していると考えてみても、さほど的外れにはならないはずである。その画像は時代ごとに変化するのであり、いまでは漫画こそが夢を構成していると考えてもよいはずである。[*1] そうであるとするなら、漫画を分析する方が、よほど心の闇の分析に資するのではなかろうか。その分析の過程で、心的諸概念の新たな区別を試みた方がよいのではなかろうか。

おそらく、この程度は方法的な構えを変えておかないと、表面的には通俗心理学的で俗流精神分析的な古屋兎丸の諸作品を読み解くことは難しいだろう。[*2]

＊1　ゲームはどうであろうか。おそらく、ゲームも、漫画とは異なる仕方で夢と覚醒を跨いでいる。

心の闇を見る

『幻覚ピカソ』（全三巻）から取り上げてみる。主人公の葉村ヒカリ（通称ピカソ）は、ダ・ヴィンチを尊敬し、絵ばかり描いている高校生である。あるとき、ヒカリは、一人の友人によって、「画家の目」は「目に見えないもの」を見ることができるから、「心の中」を見て「心の絵」を描ける能力を備えていると暗示をかけられる。通俗的で俗流的な通念を吹き込まれるわけだ。すると、ヒカリは、同級生の杉浦に「黒いモヤモヤ」がかかっているのが見えるようになる。そして、ヒカリは、そこに見える「風景」をスケッチブックに描き出すのだが、それに呼応するかのようにして、モヤモヤが突然に大きくなる。そのとき、ヒカリは意識を失って、スケッチブックの絵の中へと吸い込まれていく。ヒカリは、気を失いながら、杉浦の夢を見始めるのである。

絵の中の風景の仕組みは、こうなっている。杉浦の心の声が聞こえてくる。「誰でもいいんだ、殺してやる」と。そのとき、現実の杉浦の姿と子供時代の杉浦の姿が折り重なって出現する。遠景には「ボロボロの鳥」が出現する。その鳥は、父を無きものとしたい欲望と父からの配慮を待ちわびる欲望との葛藤を象徴しているのだが、それでも壁を超えて遠くへ向おうとする希望を象徴してもいる。とするなら、現実の杉浦が殺人へと行動化するのを予防するためにヒカリが為しうることは、心の風景を変えて、その鳥を解き放つことでなければならない。この世界にあっては、心の風景の変容と現実の心模様の変革は、そこに種々の操作が介在しようと、あくまで順接的に照応するからである。[*3]

ヒカリは壁を破壊するために全力を尽くすが、うまくいかない。しかし、はからずも、その効果と言うべきであろうか、地中に埋め込まれていたメリーゴーラウンドが立ち現われてくる。どうやら、子供時代の杉浦親子が楽しい時を過ごしたメリーゴーラウンドなのである。ともかく、ヒカリは、メリーゴーラウンドを動かしてみる。すると、いかなる照応関係のおかげであろうか、杉浦は父の「優しい笑顔」を想起する。そのとき、杉浦に問いが芽生える。どうして今はこうなっているのか、と。その後、杉浦は、自ら

＊2　古屋兎丸は、『幻覚ピカソ』第三巻「あとがき」で、こう述懐している。「その頃、僕は週一で心理的な栄養療法を受けていました。それは幼い頃のトラウマで栄養がうまく吸収できなくなっていることを治療するものです。〔…〕その療法の真偽はよくわかりませんが、これを「絵」に置き換えて描けないかと思いました。こうしてピカソの原案が浮かびました」。

＊3　この順接の関係について考えるのは難しい。古屋作品では、読者のエッセイと古屋の4コマ漫画を見開きで並置する『鈍器降臨』を考慮に入れる必要がある。

その問いに答えを与えるべく、父との和解に成功することになる。

このようにヒカリは、何人かの高校生の心の闇を絵に描き、そこにダイブして心の風景を操作する夢を見ては、当人に本当の欲望を見つけさせていくわけだが、もちろんそれで目出度しとなるはずもない。ここで舞台回しを務めるのは、ヒカリではなく杉浦である。ヒカリに深層で救われたはずの杉浦は、あくまで自発的に本当の欲望に目覚めたと思っており、父との和解についても、ヒカリによって助けられたというよりは、ヒカリの描いた絵が一つの契機になったと認めるだけである。杉浦は、あくまでまともである。とすると、まともな通念に従うなら、どうしても『幻覚ピカソ』はヒカリを目覚めさせる夢落ちの構造をとらざるをえなくなる。では、ヒカリはいかにして目覚めるのか。あるいは、何がヒカリを目覚めさせるのか。

あるとき、杉浦は、ヒカリを追究する。お前は意識を喪失しながら何をやっているのか、と。ヒカリは、正直におのれの為すことを告白する。杉浦は、その説明を拒絶する。曰く、それは「エスパー」気取りである。仮にお前がエスパーであるとしても、他人の心を操作しておきながらそれを「人助け」として正当化するなどどうかしている、と。杉浦は、「気持ち悪い」とも言う。しかも、ヒカリが、おのれの功業の証拠として差し出すものはことごとくが妄想の所産なのである。杉浦からするなら、明らかにヒカリは狂っている。夢が現実に浸透し、夢と現実の区別がつかなくなっているという意味で、気持ち悪いほどに狂っている。[*4]

しかし、杉浦は、あくまでまともである。まともなので、友人と語らって、ヒカリを救わなければならないと行動に打って出る。そして、首尾よくヒカリを覚醒させる。一応は目出度しの結末となるわけではあるが、『幻覚ピカソ』の結末には、かすかに不穏な空気が漂っている。たしかにヒカリは目覚めたのだが、夢落ちだけでは、話が落ち切っていない感触を残している。そこを『幻覚ピカソ』に即して分析するのは避けて、別の作品で説明を試みたい。[*5]

醒めきらない夢

古屋×乙一×兎丸『少年少女漂流記』の第五話「お菓子帝国」を取り上げてみる。高

＊4　狂気のことを、覚醒しながら夢見ることと捉える見方は、どうしたことか現代では顧みられることがなくなっているが、長い伝統のある狂気観である。

＊5　このあたりの問題を、漫画作品は誰の夢かという問いとして定式化できるであろうが、既存の概念枠におさまるだけで、あまり効を奏さない気がする。

校生の麻美は、高畑君に告白することを目標として、ダイエットに励んでいる。友人と一緒にケーキ屋に入っても、食べるのを眺めるだけだ。その現実から逃避するためであろうか、麻美は眠ってしまう。そして、友人が悪戯してケーキの一切れを麻美の口に含ませると、麻美の夢が始まる。それは一五年後の未来世界だ。地球を侵略せんとする宇宙人はお菓子に姿を変えて潜伏していたのだが、その「永い眠り」から醒めて、人類に戦争を仕掛けてくる。巨大化した生八橋が、空から襲来して、その口を大きく開いて、人間たちを呑み込んでしまう。人間は餡子になるのだろう。ことほど左様に、お菓子は人類の敵である。どうすればよいのか。

麻美は目覚める。テーブルのお菓子が目に入る。「接敵」、「危ない」。麻美は戦う。たちどころに平らげて、「殲滅」する。敵が目覚めてしまわないうちに、殲滅しなければならないのだ。こうして、麻美は、「打倒お菓子帝国」の大義の下、あらん限りの力を尽くして、お菓子を食いまくる。そのとき、葛藤が始まる。一方で、大義のためにお菓子を食わなければならない。たとえ太っても食わなければならない。それは類的人間としての責務だ。他方で、高畑君は細い子を好きなようなので、人類のために戦い続けるなら高畑君に嫌われてしまう。類的な人間と個体的な人間の葛藤。古典的な葛藤だ。麻美は、「逃げちゃだめ」と自己を叱咤し、断固として大義に殉ずる生き方を選び取る。

高畑君にはこれまで「好きでした」と告白して過去と訣別し、卒然と学校から姿を消す。その孤独な戦いは一か月に及ぶ。

高畑君はまともなので、友人と連れ立って、麻美を訪れる。たしかに、麻美は苦しんでいる。麻美は、「本当」は戦いたくはないのだが、「みんなのため」に、どんなに太っても戦っている。それは大義の犠牲となる苦しみであり、まともな人間には決して手の届かない英雄的で悲劇的な生き方である。これに対する友人の対応がなかなかふるっている（つまり、古屋の筆法が冴えているということだ）。友人は、麻美に対して、「打倒お菓子帝国」の幻想に囚われる以前の麻美が、笑いながら楽しそうにお菓子を食べている写真を差し出すのである。また、高畑君の対応もなかなかふるっている。高畑君は、麻美に対して、「本当に戦っているのか？」と疑いを差し出し、「本当は戦うことから逃げているんじゃないか？」と言い募る。高畑君からするなら、麻美は、学校や異性関係から逃げているのだ（まともな心理学者だ）。そして、高畑君は、毎朝、一緒に登校することを約束する（まともな臨床家だ）。その後、麻美は高畑君と付き合うことになる。では、学校に通って高畑君と交際することが本当の欲望であって、それが実現して目出度しということになるのだろうか。目出度くはあるが、『幻覚ピカソ』の不穏な空気が、ここでは明確に画像化されることになる。

第五話の仮綴じはこうなっている。麻美は、ジョギングしてカロリーを消費しては、そのカロリー分だけ「楽しく」ケーキを「殲滅」する。戦い方を切り替えたのである。それは高畑君の愛を繋ぎとめる技法でもある。そして（しかし）、麻美の目には、「お菓子帝国軍」が空に陣を張っているのがはっきりと見えている。麻美は、大義を捨てていない。大義に殉ずることで高畑君の愛を副次的に獲得しながら、依然として人類のための戦いを持続している。以上を要するに、お菓子こそが、異様な対象なのである。それをめぐる同じ一つの幻想が、現実と夢の双方をコントロールしている。その幻想の下で、お菓子は、快と苦、愛と憎、幸と不幸を生み出している。高畑君の手の届かないその水準において、麻美は、まともであるだけでなく狂っている。

『少年少女漂流記』は、泰斗直嗣（この人物造型は見事である）の妄想を媒介として、麻美たちの幻想を破砕するかのような崇高な神的暴力を出現させて結末を迎えるが、夢が現実に浸透するような生を解体することはないと言えよう。[*6] その点では、一〇代も大人も変わりがない。「本当で確かなこと」に変わりはないのである。では、杉浦や高畑君のようなまともな若者はどうであるのか。[*7]

勝ち組は何と闘争し何に勝利しているのか

『彼女を守る51の方法』（全五巻）の主人公・三島ジンは、就活中の「普通の奴」である。就活でお台場に赴いているくらいだから、きっと勝ち組になることを目指しているのだろう。実際、ジンは、「人生の負け組と交わると引きずり込まれそう」に感ずるので、その類の人間には近づかないようにしている。「俺はちがう」のであって、「一流の男」になるのだ。「いい会社に入って」、「優しい女と結婚して」、「子供とマイホーム」を得て、幸せになるのだ。ジンは、そのような夢がリアルな欲望であり、その実現がリアルな幸福であることを微塵も疑わない。それはその通りである。幸せを求めて幸せになるなら、それはそれで構わない。古屋作品で注意すべきは、そのことは些かも否定さ

＊6　ここは分析を要するが、崇高な神的暴力は漫画化されることで、いわばたわめられるとだけ言っておく。あるいは、古屋は崇高や神的暴力を漫画化できるがために、その極限的強度はたわめられると言ってみたい。いや、本章の方法からするなら、逆である。そもそもの初めから崇高や神的暴力は漫画なのであるから、それは漫画の力能に服するに決まっている。言いかえるなら、崇高や神的暴力は人間を目覚めさせない。あるいはむしろ、順接的にしか目覚めさせない。この点では、『Marie の奏でる音楽』（上下巻）が重要である。

＊7　この点で、『ぼくらの☆光クラブ』におけるタミヤの人物造型の揺れが興味深い。

れるのではないということである。

さて、ジンの夢を打ち砕くような現実が到来する。東京首都圏直下型大地震が外から（下から）到来するのである。ジンがこの悪夢のごとき現実を凌いでいくプロセスが作品の過半を占めているが、ここでは一気に作品のラスト、震災の「5年後」のことを取り上げよう。

ジンは、無事に「いい会社」に就職している。建設業である。「建物を作る立場になって、初めてわかった」のは、「震災前の街はいい加減すぎた」ということである。「耐震強度偽装」、「気休めの補強」、「古いビル」の放置。「そのせいで何万という命がなくなった」。「もう誰もあんな目にあわせたくないから」、「絶対に手抜きをしないで強い街を作るんだ」。そう信じて、ジンは「必死に生きている」。「優しい女と結婚」している。きっといつか、「子供とマイホーム」も手に入れるだろう。ジンはまともであり幸せである。それはそれでよい。作品の流れからしても、あの悪夢の中でまともさを失うことなく人道的に振る舞って生き延びたからには、あたかもそのご褒美として、当初の夢を実現できたとしても不当なことではないと言えるだろう。ジンには勝ち組になる資格と能力があるのだ。それもそれでよい。目出度し、である。

しかし、本作品の最後はどこか不穏である。あるいはむしろ、ジンに対する褒め殺しの感がある。いや、それも正確ではない。ジンを褒め生かしている感じがあるとでも言えるだろうか。[*8]気づかれるべきは、『彼女を守る51の方法』における震災は、『少年少女漂流記』におけるお菓子に相当するということである。現実の震災の渦中で、ジンはまともであった。と同時に、来たるべき震災の影の下で、すなわち、悪夢のような震災が来たるべき出来事として現実に浸透している状況の下で、ジンはまともである。言いかえるなら、震災をめぐる同じ一つの幻想の下で、ジンは「色々な思い」を経験し、「必死に」かつ「テキトーに」生きている。もっと強く言うなら、その幻想を糧にして、飯のタネにして、生きている。それこそが、勝ち組の生き方ではなかろうか。夢が浸透する現実、夢と覚醒がかすかに混在する生活、その意味で少しばかり狂った生活、それを幸せにやり過ごしていく生の技法である。いや、それもまだ正確ではない。

おそらく、まともな人は、まともな夢だけを見ている。どうしてか。まともな夢を見るように、夢と覚醒が順接するように、おのれを吟味し、おのれを反省し、おのれと戦い、おのれに打ち克ち、おのれを統治しているからであると言ってみたい気持ちが私に

＊8　考えてみれば、作者が登場人物を殺す理由ならいくらでも見つかるだろうが、登場人物を生かしておく理由はどうなのであろうか。いまの場合、ジンをして悪夢と現実を跨って生かしておく理由と原因に関わる。

はある。そして、それはかすかに狂っていると言ってみたい気持ちが私にはある。少なくとも、古屋兎丸の作品がそのような現実を描いていることだけは確かである。[*9]

*9　言うまでもないが、『帝一の國』の基本テーマである。

第3章

心理の主体、皮膚の主体

クリストファー・ノーラン『メメント』

ある都会で道が分からないということは、たいしたことではない。だがちょうど森のなかをさまよい歩くときのように、都会をさまよい歩くということには、習練が必要なのだ。

――ベンヤミン

労働、政治

『メメント』は、公開時からその読み方をめぐって、ウェブ上で盛んに論じられた映画である。[*1] その議論のほとんどは、記憶や回想や発言の真偽にまつわっている。レナードの周りの人物は、あからさまな嘘をつくことがある。レナード自身も、短期記憶障害でありながら、それなりの期間にわたって記憶を保持することがある。また、記憶すべきシーンを意図的に作り上げて偽の回想へと自らを条件付ける（condition）こともある。そのため、おのおのの記憶・回想・発言の真偽は識別しがたくなり、首尾一貫した筋立てを見出しがたくなる。となると、真偽の区別を越えるような現在的な感覚や行動そのものの真実をもって、映画全体の落ちとしたくなってもくるが(「世界は存在する」)、いくらなんでもそんなに単純なはずがないと思いもする。ところが、クリストファー・ノーラン自身が真なる筋立ては一つであると示唆していることもあり、感覚-行動的な真なる世界の存在といった落ちについて、あらためて考えざるをえなくなってくる。本章では、サミーをめぐるレナードの回想をたどることによって、そのあたりを探ってみたい。その前に、いわばお約束の読み筋であるが、それでも捨てがたい読み筋を二つほど取り上げておく。

①レナードは保険会社の調査員であった。その設定だけでもって、レナードは高度資本主義の典型的労働者であると言いたくなる。実際、レナードは、交通事故の後遺症を被ったジミー・ジャンキスの代理人たる妻からの保険金給付請求を却下していた。そのことがジャンキス夫妻の不幸を引き起こしていくのだから、ますますもってレナードは高

＊1　cf. Andy Klein, "Everything you wanted to know about "*Memento*"," (Web, Friday, Jun. 29, 2001). ところで、アンディ・クラインは、サミーは insane asylum に入っているとしているが、そうは映画では言われていない。ホーム(home)ないし施設(institution)と言われているだけである。サミーの件の時期設定からしても(この点、サミーが眺めるテレビ番組 Green Acres の放映時間からして曖昧さは残るものの)、名称としては asylum は消失していたと見るべきである。

度資本主義の尖兵であったと言いたくなる。アムローヒー・サハーイは、こう書いている。

映画では会社機構の残忍性が描かれているが、同時に、そんな会社機構が作動するのは、現代資本主義において二つの主体モデルが分立して対立しているからである。ジャンキス夫妻の運命は、時代遅れの主体の運命である。つまり、世界の安定性、アイデンティティの一貫性、他人の行動の首尾一貫性を信じている人が、サイバー・エコノミーのポストモダン的現実に直面して崩壊してしまうという運命である。映画はわれわれにこう告げている。ジャンキス夫妻には欲動(drive)がない。したがって、夫妻が破綻したのは、保険会社の利益追求行動によってなのではなく、夫妻自身が素朴で無知なためにゲームを有効に演じられなかったからなのである。[*2]

では、記憶喪失後のレナードは何者であるということになるのか。レナードは、短期記憶喪失でありながら、あるいはそうであるからこそ、次々と変化する現実に対しフレキシブルに即応することができている。つまり、ネオリベラリズム的な労働者のメタファーであるということになる。

このような読み筋を支持したいのはヤマヤマなのだが、どこか映画の情宜にそぐわない感じがする。第一に、ノーランの示唆するところに従うなら、レナードはおのれの状態（condition）を逆手にとって自ら主体形成して、ネオリベ的労働者たることを強いられる回路を切断したと見ることもできるからである。ありがちな言い方になるが、レナードはネオリベ的主体化を徹底することによって抵抗主体へと生成変化したと言ってもよい。第二に、ここはしばしば誤認されているようだが、ジミーのメンタルな後遺症は、初めからその保険契約によってカバーされていなかったのである。ところで、その時代には、貧困層を対象とする健康保険メディケイドでさえもメンタルな障害をカバーし始めていた。メンタルな障害は、医療と公衆衛生の格好の対象となり始めていたのである。とするなら、ジミーの契約事項は、中産階級たる公認会計士、それこそ資本主義の友たる公認会計士であるジミー自身による意図的な選択であったはずである。だから、ジミーは保険会社によって不当に収奪されたなどと見るわけにはいかない。その妻にしても決してそこにクレームを申し立てているのではない。要するに、ジャンキス夫妻は単なる被害者ではない。第三に、欲動・ドライブの解釈である。ある世代はドライブとい

＊2　Amrohini Sahay, "Just-in-Time Working on the Avant-Garde Cinema," *Nature, Society, and Thought*, vol. 17, no. 2, 2004.

う単語を聞くと、どうしても深読みしたくなるように条件付けられているのだが、映画はそれを解除することを狙っている。ウェブ上に公開されているスクリプトから該当するレナードの台詞を逐語訳してみる。

彼はメモ（notes）を書こうとした。沢山のメモだ。けれど、彼は混乱してしまった。／サミー・ジャンキスは自分で無数のメモを書いた。けれど、彼は混乱して混同してしまった。俺の方は、記憶問題に対して、もっと優雅な解決を与えたのだ。俺は、規律訓練を受けて組織的に編成されている（disciplined and organized）。俺は、習性と日課（habit and routine）を活用して自分の人生を可能にしている。サミーにはドライブがなかった。ドライブを作動させる理由（reason）がなかったのだ。

ここでのドライブは、犯人を捜索して殺害するという理由によって駆動される類のものである。意図的に設定された理由や目的こそがドライブを働かせるのであって、決して逆ではない。そして、その理由や目的に向かうドライブを存在させるのは、習性や日課による規律訓練、つまりは条件付け（conditioning）であって、これも決して逆ではない。もちろんテマティックには、ドライブから自動車をめぐる筋立てを拾い出したくなるわけだが、それにしても副次的な線にとどまっていると見るべきである。

②レナードの「理由」に注意してみよう。レナードは、過去に対する復讐として、あるいはむしろ正義の裁きとして、過去の責任を負うべき者を探し出しては殺していく。過去を愛おしみ、想起できない過去を想起しようとしながら、と同時に、過去を忘れ去り、その忘却の穴を新たな記憶で埋め合わせようとしながら、つまりは、記憶の政治と忘却の政治と歴史修正主義の政治を同時に領有して行使しながら、正義を掲げて殺害を反復しようとしている。しかも、たとえその功業を忘却したとしても、正義を行使したとの感触だけでもって世界の存在に意味を与えていると信じている。これは、どう見ても、一九九〇年代以降の米国の姿そのものであろう。ロブ・コンテントは、こう書いている。

> レナードは棒で頭を打たれて新たな記憶を獲得できなくなったのだが、それは彼の人生だけを粉々にするカタストロフィーなのではない。それは、権力の犯罪的行使についての歴史的記憶を遮断することのメタファーでもある。その権力犯罪は、レナードの倒錯的で結局は不条理な報復の使命のごとく、例によって正義の追求ということでもって粉飾されている。[*3]

そしてコンテントは、レナードが間違えて黒人の自動車ディーラーの部屋に押し入る場面において、国連軍が民族虐殺阻止のための介入に失敗したことを報ずるラジオニュースが流されていること（言いかえるなら、虐殺防止なる正義の追求の名目でもって別の殺害を国連軍が反復すること）に注意しながら、レナードは先進諸国のメタファーたる「モラル・モンスター」なのであると結論している。

このような読み筋は間違いではないだろうが、少しひっかかるものがある。第一に、黒人の部屋に押し入るシーンは、この映画の中で唯一ユーモア（それともアイロニー？）を漂わせようとしているところである。ニュース報道にしても、いかにもすぎる仕掛けであって、それにまんまと捕まって物を言うのはどうかと思われるのだ。第二に、この読み筋を真っ正直に採るとしても、レナードはその正義の戦争の連鎖を断とうとしたと見ることもできる。真っ正直になるなら徹底したほうがよいだろう。そして第三に、素朴に考えて、この映画の設定では、レナードがシリアル・キラーになるのには無理がある。一度目の殺害の二度目の反復をさらに反復するには、あまりに規律訓練・条件付けが複雑になりすぎて混乱や混同を招かざるをえなくなるだろう。たしかに映画は政治的メッセージを発している。お約束のごとくに発している。しかし、それを受け取るだけでは足りないのである。

詐病の行方

レナードによるジャンキス夫妻をめぐる語りを追っていくことにする。医師・博士（doctors）によるサミーの診断結果は、こう語られている。

医師によるなら、海馬状隆起（hippocampus）に何らかの損傷があるのかもしれないが、確証は見出せない。ところが、サミーは、数分間以上は何も記憶することができない。彼は働けないし、便をもらしてしまう。医療費も嵩む。そこで彼の妻は保険会社に連絡し、俺が送り込まれる。／医師が俺に確言するところでは、コルサコフ症候群と呼ばれる本物の病気（condition）があるそうだ。それは短期記憶喪失で、稀少だが正式のものだ（legit）。けれど、サミーに会うたびに、サミーは俺を再認しているように見える。ほんのちらっとだ。ところが、彼が言うには、俺をまったく思い出せないという

＊3　Rob Content, "Reviews: Memento," *Film Quarterly*, vol. 56, no. 4, summer 2003.

のだ。／俺は人を読み取ることができる。下手な役者（bad actor）だと思う。こうして俺は嫌疑をかけ、さらなる検査（tests）を要請する。

このコルサコフ症候群は、保険給付の前提となる医療診断の典拠として使用されるDSM（『精神疾患の診断・統計マニュアル』）に正式に登載されているものである。映画の時期設定に合わせて、一九八〇年の第三版まで使用されていた第二版（一九六八年）から引用しておく。

291.1コルサコフ精神病（アルコホリック）またはコルサコフ
これは脳に関する慢性的症候群である。長期間のアルコール使用との相関がある。その特徴は、記憶障害、失見当識、末梢神経障害、そしてとくに作話（confabulation）である。震顫譫妄と同じく、コルサコフ精神病の同定については、初期の頃には病因の誤診があるので、アルコール使用如何によるものとする。したがって、この病名は、アルコール使用に相関する症候群に限定されるべきである。アルコール使用に関係しない栄養不足によって起こる似た症候群については、生理的ないし栄養的な失調による精神病として分類する。

この第二版の診断基準からするなら、サミーにあってアルコールや栄養は問題になっていないから、当初からコルサコフ症候群であるとの診断は除外されていたはずである。その一方で、時代が降って、コルサコフ症候群は海馬状隆起の損傷に関連付けられることになっていくが、そのことがわざわざレナードの語りに持ち込まれていることに注意せざるをえない。したがって、サミーについては、コルサコフ症候群の諸特徴を示しながらも、その原因たるべき脳障害を当時の技術では特定できなかったということになる。ところで、レナードは、サミーは詐病なのではないかとの嫌疑をかけて検査を要請していくわけだが、問題は、脳損傷を特定せずしてコルサコフ症候群の可能性を認定できるかということであり、しかもこの症候群の特徴に作話が含まれているからには絶えず詐病の嫌疑に付きまとわれるということである。このことは、保険会社にとっても医療・公衆衛生にとってもクリティカルな問題である。では、この設定にあって、サミーに対していかなる検査を課せばよいのか。

これはコルサコフ症候群に限らないが、一九六〇年代から八〇年代にかけては、狭義の精神分析療法にとって代わって、条件付けを核心的概念・技法とする認知行動療法が優勢になってきており[*4]、その技法そのものが検査に使われるのである。その結果は、レナードによるとこうであった。

サミーは、新たなスキルを学習することがまったくできない。しかし、自分で研究していくうちに俺はポイントを見つける。条件付けだ。サミーも反復によって学習することができるはずだ。自転車に乗るのを学習する仕方だ。それについて何も思考しなくても、練習を通してうまくなっていくわけだ。なんなら、筋肉記憶と呼んだってい い。ただし、それは短期記憶を掌る脳部分とまったく違う脳部分のことだ。そこで、俺は、条件付けに対するサミーの反応を博士に検査させるわけだ。……サミーはまったく反応しなかった。このことは、彼の状態が心理的なものであって身体的なものではないことを十二分に示していた。

サミーは、その症候・特徴からしてコルサコフ症候群の可能性はあるが、その病因たる海馬状隆起の損傷の有無を脳検査でもって確定することはできない。そこで、短期記憶を学習させる条件付け、ただし海馬状隆起の回路を経由しないで学習される条件付けを、サミーに実行してみる。コルサコフ症候群であろうがなかろうが、その詐病であろうがなかろうが、認知行動療法の技法を受けるなら、何らかの反応を返さずにはおかないはずである。ところが、サミーは無反応である。何ら学習しない。条件付けられない。引き出されるべき結論は、どうなるであろうか。学習全般を掌る脳神経系に損傷があると、したがって身体的な障害の故にコルサコフ症候群に類似した症状を発すると結論してもよさそうなものだが、それは避けられている。技術的に損傷を特定することが不可能だからであるが、サミーがそれほどの全般的障害を被っているとは見えないからである。サミーの妻自身も、サミーの目のかすかな反応にすがって、「植物的」とは思えないと強調しているのだ。

レナードは、幾度となく「俺は、サミーがその振りをしている（faking）とは一度も言わなかった。たんに彼の問題は心理的であって身体的ではないと言っただけだ」と強調しているが、これは嘘ではない。詐病であろうがなかろうが、検査によって、心理的なものこそが問題であることになってくるからだ。このもつれた事態に対して、精確な解釈を与えるのは、実はサミーの妻である。

＊4　行動療法は、精神分析療法と競合しながら認知療法と融合して、主要な心理療法として成立する。その簡略な歴史については、cf. John C. Norcross et al. eds., *History of Psychotherapy: continuity and change*, second edition (American Psychological Association, 2011).

サミーの妻も検査の結果は受け入れている。妻は問題が心理的であることを受け入れるからこそ、心理的に治せるものと思ってしまうし思わざるをえない。そして妻は、「彼はこの問題全体を空想している（imagining）」と見なすことになる。妻の理路は、おそらくこうだ。当初、サミーは、コルサコフ症候群の振りをしていたのだろう。保険給付を理由と目的にしてドライブを自らにかけたのだろう。ところが、コルサコフ症候群の診断基準を満たさないことが明らかになった。そうなったからには、振りを続けたとしても、また心理の病の振りへと切り替えても何の疾病＝詐病利得もなくなったはずである。それにもかかわらず、サミーがコルサコフ症候群から解除されないのだとするなら、サミーは、その振りをしているうちに空想を生きるようになってしまったのだ。つまり、サミーは、おのれの作話によって自らを条件付け学習して生きてしまったのだ。その見せかけ（bluff）を解除できなくなってしまったのだ。とはいえ、サミーの妻には一縷の望みはある。サミーは、身体的条件付けに反応しなかったとしても、自らを心理的に条件付けて自学自習したからには、心理的な条件付けによってその学習効果を解除できるはずだ。そこで妻は、サミーの状態を解除するべく、インシュリン注射を立て続けに打たせる。サミーの心に残っている妻への愛が、間を置かず注射を打たせることを心理的に妨げて、そのことでもって空想を解除するはずであると信じたわけである。ところが、やはりサミーは反応しない。妻を昏睡状態に追いやりながら、おのれの空想を解除しない。こうして、レナードは、「サミーを忘れるな」と自らの左手首に彫り込み、と同時に、そのタトゥーを消し去ろうと右手で擦りもするのである。

敵とも味方ともつかぬものに囲まれて

このような観点からすると、「正統」精神分析療法に対する微かな揶揄が映画に散在していることが気になってくる。レナードは、「相手が何を知っているかを見つけ出すための最良の道は、相手に談話させることである」と語って、保険会社の調査員が身につけるべき技法は、談話療法に似たものであることを仄めかしている。また、ファム・ファタール役を演ずるナタリーは、レナードに対して、メモに頼って生活すると洗濯物リストと買い物リストを混同してしまって、「自分の下着を食べてしまう」ことにもなりかねないが、それを予防するためにこそ「タトゥーを入れている」のだろうと語りかけている。その前夜のナタリーの振る舞いから推して、下着の下にはタトゥーは無いのである。この点は、レナードの妻の台詞「邪魔しないで（Don't be a prick)」の解釈もあいまってやや不透明にならざるをえないが、大筋としては、下着の下にタトゥーがあるかどうかは問題化されていないと解することができる。

その上で、タトゥーを見直すなら、例えば、「源泉を考慮せよ（Consider the source）」は源泉記憶を強調する認知行動療法からの命令であると解される。同様に、「あなた自身を条件付けよ（Condition yourself）」「日課を持て（Have a routine）」は、認知行動療法からの命令そのものであると解される。この読み筋をたどるなら、当然にも、「フィルムを買え（Buy film）」「食べろ（EAT）」は条件付けの命令であることになる（パブロフの犬、スキナーの鳩、スキナー箱のラット）。また、「あなたの弱さを隠せ（Hide your weakness）」「人に委託するな（Don't trust）」は、自己心理学的療法や人間主義的療法からの命令であると解される。要するに、一連のタトゥーは、レナード自身が渡り歩かされたホームや施設で受けた各種の心理療法の烙印なのである。いや、精確には、心理療法の命法を自ら依頼して烙印してきたのだ。レナードにあっては、心理療法によって心は奪われていても、下着の下を含めて、皮膚は奪われていない。

以上を冒頭の二つの読み筋に結び付けて愚直に進めてみるなら、こう結論することができよう。『メメント』とは、精神分析と非精神分析が一緒になって形成してきた各種心理療法によって組織化されてきた主体、これこそが高度資本主義の主体であり〈帝国〉の主体であるということ、そしてそれに抵抗するには、敵とも味方ともつかぬ者の命令を、有益とも無益ともつかぬ技法を、詐病とも疾病ともつかぬ心理状態を自らの武器に変えてしまう主体が必要であるということを描き出した映画なのである。この主体は、「殺人者に間違われるよりは、死んだヤツに間違われるほうがよい」と決断する主体であるが、世界の存在についてこう語る。

俺の精神の外部の世界を信じなければならない。俺の行動を記憶できなくとも、それに意味があると信じなければならない。俺が目を閉じるとき、それでも世界はあると信じなければならない。

この主体は、自己の社会化のスキルや自己をコントロールする能力を信じているのではない。いかなる意味においても、心理の主体ではないのだ。[*5] この主体は、皮膚を介して世界を信ずる主体であり、都市のストリップモールやガソリンスタンドこそが「自分が何であるかを想起させる鏡」であることを学びとった主体なのである

＊5　この点で、『メメント』は、ニコラス・ローズによる認知行動心理学批判——それは隔靴掻痒といった感を与えるものであるが——を鮮やかに乗り越えている。Nikolas Rose, *Governing the Self: The Shaping of the Private Self* (Free Association, 1989), chap. 17 Reshaping our Behaviour.

第4章

ロバの鳴き声——デカルト的白痴からドストエフスキー的白痴へ

ドストエフスキー『白痴』

ドゥルーズは、一九八〇年一二月二日、パリ第八大学の講義で、「哲学者たちは白痴を作る。白痴を作ること、それこそが常に哲学の機能である」と語っていた。[*1] そのとき、白痴を作った哲学者として念頭に置かれていたのは、意外に思われるだろうが、デカルトである。そして、ドゥルーズは、大筋では、デカルト的白痴からドストエフスキー的白痴へと進まなければならないと論じている。そこを確認する前に、「哲学することは、白痴を作ることである」という些か異様な哲学観を見ておかなければならない。

ドゥルーズが、ドストエフスキーの名をあげながら白痴について初めて論ずるのは、『差異と反復』（一九六八年）である。[*2] それは、デカルトのコギト（私は思考する）の解釈から始まっている。

デカルトは、「真理の探求」という未完の対話篇[*3]で、学識で頭が一杯になった学者であるエピステモンと、専門知や偏見に汚されていない若者であるユードクスを対決させながら、ユードクスこそが、あるいはむしろ、ユードクスだけが、「私は思考する、故に、私は存在する」の真理をしかと摑むことができると高らかに宣言する。デカルトは、衒学的な中年男性に対して、善良無垢な若者を押し立てるのである。ところで、驚くべきことに、ドゥルーズは、その若者のことを「白痴」と呼称する。「この哲学は、衒学者に〈白痴〉を、エピステモンにユードクスを、知識が詰まりすぎた知性に良き意志を、当代の一般的なものごとによって歪められた人間に対して自然的な思考だけがそなわった特殊な人間を対置する。この哲学は、前提なき人間としての白痴の側に立つ」[*4]。

ドゥルーズの着想は、おそらくこうなっている。「私は思考する」とは、「私はいま思考しているだけ、いまは考えることしかできない、それ以外はできない」ということだ。「おい、そこのお前」と呼びかけられても、「自分は考え中、思案投げ首」としか答えないということだ。「お前は空気を読めないのか、お前は他人の心を読めないのか、お前

＊1　Cf. Philippe Mengue, *Faire l'idiot : La politique de Deleuze* (Germina, 2013), p.61.
＊2　ドゥルーズはドストエフスキーの作品論を書いてはいないが、「ニーチェと哲学」（一九六二年）から『哲学とは何か』（一九九一年）にいたるまで、ほとんどの著作でドストエフスキーに言及している。Cf. Bruno Gelas et Hervé Micolet dir., *Deleuze et les écrivains : littérature et philosophie* (Cécile Defaut, 2007), pp.559-560.
＊3　デカルト「真理の探求」（井上庄七訳、『デカルト著作集』第四巻、白水社）。
＊4　ドゥルーズ『差異と反復』上（財津理訳、河出文庫）三四八頁。

は切迫した状況が見えないのか」と追及されても、考え事以外に何もしないということだ。その類の人間は、世間の標準からするなら、愚か者に等しい。「デカルト的コギトの主体は、思考しているのではなく、ただ、思考する可能性をもっているだけであり、その可能性のただなかで依然として愚鈍であり続ける」[*5]。コギトの主体は、愚鈍な白痴なのである。[*6]

次いで、ドゥルーズは、デカルト的コギトを離れて、「どうせ白痴をやることになるのだから、せめてロシア風に白痴をやってみよう」[*7]と呼びかけるのであるが、そのロシア風の白痴の作り方が明確にされるのは、『シネマ1・2』(一九八三・一九八五年)においてである。そこでは、黒澤明の映画作品『白痴』が参照されている。先ず、黒澤作品では、状況を感覚するなら自動的に為すべき行動が定まってくることを前提とする図式、すなわち感覚運動的な図式が基調になっていることが確認される。

黒澤の空間は膨張し、大きな円環を構成する。すなわち金持ちの世界と貧乏人の世界を、上流と下流を、天国と地獄を接合する大きな円環を構成する。社会の頂点の提示と同時に社会のどん底の探査が必要なのは、大形式の大きな円環を描くためである。〔……〕しかし、それだけのことであったら、黒澤は大形式を発展させた優秀な映画作家にすぎないということになり、いまでは古典的となった西洋的基準によって理解されるがままになってしまうだろう。黒澤における金持ちの世界と貧乏人の世界の大きな円環は、すでにグリフィスが強要することができた自由主義的なヒューマニズム的構想を、すなわち〈全人類〉の所与であると同時にモンタージュの土台である自由主義的なヒューマニズム的構想を指し示すことになってしまうだろう（事実、金持ちと貧乏人が存在し、彼らは理解しあわねばならない、わかりあわねばならない……といったグリフィス流のヴィジョンが、黒澤にはある）。要するに、行動の前に提示部を置くという要求は、シチュエーションから行動へという定式SAに対応しているだけだ、ということにもなってしまうだろう。[*8]

＊5　ドゥルーズ『差異と反復』下（財津理訳、河出文庫）二八〇頁。
＊6　「官僚は、私は思考する、と言う」。「検討中」というわけである。カフカが見事に描き出したように、「官僚制は、コギトの発展である」（ドゥルーズ／ガタリ『千のプラトー』上［宇野邦一他訳、河出文庫］二七二―二七三頁）。また、自閉症スペクトラムや発達障害はコギトの末裔である。
＊7　ドゥルーズ『差異と反復』上、三四九―三五〇頁。
＊8　ドゥルーズ『シネマ1』（財津理・斉藤範訳、法政大学出版局）三二九頁。

富者と貧者の対立が感覚されるなら、その対立をどうするべきかについては、リベラルでヒューマニズム的な和解以外にも、さまざまなオルタナティヴが思い浮かぶ。熟議すること、抵抗すること、労働法制を変革すること、再配分・平等を要求すること、国会前に集まること、ストライキを打つこと、略奪者を略奪すること、あるいは、ネットで揶揄や皮肉を飛ばすこと、シニシズムを吐露すること、中立を装うこと、日和ることなどである。これらはすべて、感覚運動図式の定式ＳＡ（状況 Situationn から行動 Action へ）におさまっている。ところが、黒澤明の『白痴』では、その感覚運動図式が破綻していく。

ドストエフスキーにおいては、いっそう切迫した問いとはどのようなものかとまずはじめに尋ねようとする主人公が、シチュエーションの緊急性を、それがどれほど重大なものであろうと熟慮の末に無視する。そこに、黒澤がロシア文学において愛好している点があり、彼が確立する日本とロシアの接合がある。シチュエーションに含まれる問いをそのシチュエーションから引き抜かなければならず、秘められたその問いの与件を発見しなければならない。というのも、そうした与件のみがそれに答えうるようにしてくれるからであり、そうした与件がなければ、行動そのものは答えではないということになるからである。[*9]

たしかに状況は見えている。しかし、いかなる行動をとろうが、いかなる反応を返そうが、どこか的外れになるという感じがぬぐえない。状況に対してまともに答えている感じがない。とするなら、状況が発している問いを捉えそこなっているのかもしれない。現状の理解、現状の分析からして的を外しているのかもしれない。しかし、その一方で、状況を精確に分析し、状況に内在する問題を正しく取り出したところで、そこから自動的に為すべき行動が定まってくるとも思えない。エピステモン的な学者がわらわらと出てきて、それぞれが状況を解題してみせてくれているが、それでどうなるものでもないと思われる。ユードクス的な若者が増えているように見えなくもないが、思案投げ首になるや、おのれの首を締め上げて好んで苦しむだけに終わっているように思われる。やはり、コギトをおのれの真理と存在として打ち立てておけば済むわけでもなさそうなのだ。どうしてだろうか。感覚運動的な図式はたしかに破綻しかけて思考の自由が取り戻されているように見えるが、ところが、いまや光学的音声的状況によって、その思考に

＊8同書、三三〇頁。
＊9

滞留することへと絶えず導かれる具合になっているからである。そのとき、〈見者〉としての白痴にとって、新たな別の問いが差し迫ってくる。

感覚運動的な状況は、純粋な光学的音声的状況にとってかわられ、見者（voyant）となった人物は、後者の状況にもはや反応することができず、あるいはもはや反応することを望まなくなるまでに、状況の中にあるものを「見る」ことができるようにならなければならない。これこそ、黒澤明によって継承されたドストエフスキー的な状況である。これ以上なく緊急の状況において、〈白痴〉は、その状況よりも根本的で、もっと緊急の問題に関する与件を見て取る必要を感じる。[*10]

黒澤がドストエフスキーの方法を継承するとき、自分の出会った状況よりもさらに深い「問題」の与件とは何か、それをさがし続ける人物たちをわれわれに見せているのだ。彼はこうして知の限界を超え、また行動の条件を超えるのだ。彼は一つの純粋な光学的世界に達するのだが、そこで重要なのは見者であり、まったくの「白痴」であることなのだ。[*11]

ドゥルーズにとって、ロシア風の白痴はここで滞留する。では、ドストエフスキーでは、どうであろうか。[*12] ドストエフスキー『白痴』の主人公ムイシュキンの白痴性については、「体が震えて痙攣をひきおこす、癲癇とか舞踏病のような、一種不思議な神経病」(八頁)と語られたり、「生まれつきの病気で、まったく女というものさえ知らない」(二九頁)と語られたり、「ほとんど正気の沙汰じゃなかったんです」(五四頁)と語られたり、「持病の度かさなる発作のために、ほとんど白痴同然になってしまった」(六〇頁)と語られたり、「発作が何度もおこると、いつも脳の働きが鈍くなって、完全に記憶がなくなってしまう」(一二〇―一二一頁)と語られたりするのだが、ムイシュキンはデカルト的な白痴として描かれていると捉えることもできる。ムイシュキンによるなら、四年ほど彼の治療と教育にあたったスイスのシュネイデル「教授」は、「一つの奇妙な意見」を述べている。

先生の言うには、私はまったく完全な子供だ、つまり、まったくの子供だ、私は背

＊10　ドゥルーズ『シネマ2』(宇野邦一他訳、法政大学出版局)一七八頁。
＊11　同、二四六頁。
＊12　ドストエフスキー『白痴』からの引用については、『白痴』上・下(木村浩訳、新潮文庫)の頁数を本文中に記す。その際、下巻についてだけ「下」と付す。

丈や顔ばかりは大人に似ていても、発育とか精神とか性格とか、ことによったら知能の点においても、決して大人ではなく、たとえ私が六十まで生きながらえても、やはりそのままだろうということを、自分は信じて疑わない、と言うんですよ。私は大笑いをしてしまいました。だって、私みたいな子供があってたまるものですか？　しかし、ただ一つ正しいことがあります。私は実際、大人と、世間の人と、大きな人といっしょにいるのを、好まないんです。このことはもうずっと前から自分でも気づいていました。きらいだというのも、つまりはそうできないからなんです（一六五頁）。

したがって、ムイシュキンは、スイスからロシアへ戻ることを、自分の「仕事」を遂行するために大人たちの世間に乗り出すことと捉えている。つまり、デカルト的白痴としてのムイシュキンは、感覚行動的な図式を習得しながら、意志の人、行動の人になろうとしているのである。[*13] そして、言うまでもなく、ムイシュキンは行動して破綻する。「白痴」は「なにしろ、言葉どおりに受けとるんだから」（下・七三〇頁）、行動の人として破綻してしまうのは避けられない。そうして、ムイシュキン自身、「なんだか五年前よく発作のおこっていた時分と、ほとんど同じような体の調子になっていくみたいなんだよ」（下・四六四頁）と感じざるをえなくなる。「ぼんやり」とし、「病的な気分」にとらえられ、「発作」も出てくる。大人たちは、あらためてムイシュキンのことを、「見るもあわれな、かわいそうな子供」（下・六三一頁）と見なすようになる。シュネイデル「医師」は、ふたたびムイシュキンを迎え入れて、「知能の組織がまったくそこなわれている」と「悲観的な意見」（下・六七〇頁）を述べることになるだろう。ムイシュキンは、作品の最後にいたって初めて、見ることと聞くことしかできないロシア風の白痴になる。ところで、黒澤明は、ドストエフスキーの「どういうところに傾倒するのか」と尋ねられて、こう答えていた。

＊13　『「白痴」創作ノート』（『ドストエフスキー全集・第19巻B』小沼文彦訳、筑摩書房、一九八九年）を通して、ドストエフスキーは白痴性の規定をどうするべきか迷っている。例えば、「狂人」として描くか「瘋癲行者」として描くか迷っている。「よろしくない。「白痴」についての重要ないくつかの思想が、どうもうまくまとまらない」。しかし、ドストエフスキーは、「行動を起こしたい、立身出世がしてみたい」人間として設定し、「自分は神である」と考えるほどに病的に自尊心が強いが異様なほどに自己軽蔑も強いがために「復讐」「悪事」へ走っていく人間として設定しようとする（八九頁）。そして、「公爵はキリスト」（一七三頁）との有名な一句を書きつけ、「「白痴」の性格をできるだけ魅力的に（好感を与えるように）見せるためには、彼のために行動の場を考え出してやらなければならない」（一七九頁）と書いている。ドストエフスキーは白痴性の描き方については迷いながらも、公爵を行動の人として描こうとする点では一貫している。

普通の人間の限度を超えておると思うのです。それはどういうことかというと、僕らがやさしいといっても、例えば大変悲惨なものを見たとき目をそむけるようなそういうやさしさですね。あのひとはその場合目をそむけないで見ちゃう。一緒に苦しんじゃう。そういう点、人間じゃなくて神様みたいな素質を持っていると僕は思うのです。[*14]

目をそむけないで見てしまう人間は、万物を見そなわす神とは違って、ロシア風の白痴になることを運命づけられている。そして、ドゥルーズが世界への信を語る『シネマ』の有名な一節は、実は、この白痴（idiot）を含む世界を信ずることを呼びかけるものであった。

人間は純粋な光学的音声的状況の中にいるようにして、世界の中にいる。人間から剥奪された反応は、ただ信頼（croyance）によってのみとりかえしがつく。ただ世界への信頼だけが、人間を、自分が見かつ聞いているものに結びつける。映画は世界を撮影するのではなく、この世界への信頼を、われわれの唯一の絆を撮影しなくてはならない。〔……〕われわれは一つの倫理あるいは信仰（foi）を必要とする。こんなことをいえば、馬鹿者たち（les idiots）は笑いだすだろう。それは他の何かではなく、この世界そのものを信じる必要であって、馬鹿者たちもやはりその世界の一部をなしているのだ。[*15]

この哲学者の語り方は、「キリスト公爵」たらんとして行動に出ながらも破綻し挫折して自閉の淵に沈んでいくようなムイシュキンによってても笑われるものでしかない。シュネイデルがムイシュキンによって笑われるようにである。その限りでは、エピステモンとユードクスの対からシュネイデル＝ドゥルーズとムイシュキンの対への移行は、さほど希望に満ちたものではない。それでも、ドゥルーズ＝黒澤明が、日常的で堪えがたい光学的音声的状況に対する哲学的で芸術的な唯一の責務として、ユードクスやムイシュキンを一部とする世界への絆だけを思考し撮影していくなら、いつか、それが発する「ロバの鳴き声」は、ムイシュキンの「頭の中をいっぺんにからりと晴れわたらせる」（一三二頁）かもしれない。

＊14　「黒澤明に訊く」『キネマ旬報』一九五二年四月特別号、三一頁。
＊15　ドゥルーズ『シネマ2』二四〇頁・二四二頁。

第Ⅲ部　社会的

第1章

あたかも壊れた世界——犯人の逮捕と事件の逮捕

西尾維新『きみとぼくの壊れた世界』

犯罪小説の反動性

犯罪小説は、推理小説であれ、本格小説であれ、どこか反動的な臭いがする。人が殺されるのは許してもいい。人は殺されるものだから。警察が出てくるのも許してもいい。警察は出てくるものだから。許せないのは、というか、白けるのは、犯人が指名されることによって一件が落着することだ。

犯罪小説は、何かが起こる予兆に満ちて始まる。やがて出来事が起こる。見ると死体が転がっている。出来事が通り過ぎて、死体が出現したのだ。世界はざわめく。世界は変貌する。一体全体いかなる出来事が起こったのか。問いは宙吊りになったままだ。ところが、犯罪小説においては、ある縮減作用が働く。出来事は殺人事件に縮減される。出来事の痕跡たる死体は、殺人事件の証拠たる死体に格下げされる。出来事の問いは、犯罪事件の問題に格下げされる。ここまでは許してもいい。ジャンルの約束事だから。

ところが、さらに強力な縮減作用が働く。殺人事件の問題の解決が、犯人の指名に縮減されるのだ。そして、出来事が通り過ぎたことによる世界の変貌、それの全原因と全責任が、冴えない動機を宛がわれ、小賢しいトリックを編み出しただけの、みすぼらしい一人の人間に負わせられてしまうのだ。これこそ反動的と評するべきではないだろうか。チェスタトン、笠井潔、ジジェクなどが、犯罪小説の擁護論を提出してきたが、私にはとても成功しているとは思えない。チェスタトンは文学一般の描写の意義を擁護しているだけであるし、笠井潔のいう大量殺人時代に値する作品は、出来事の文学であって、個別的な殺人事件が積み重ねられるだけの犯罪小説ではありえないし、ジジェクにおいては、欲動の対象と猥褻な支配者をめぐる思想の例解にノワールが役立つというだけのことである。三人の擁護論は、凡百の偽悪的な擁護論に比べれば優れたものであるが、彼らは犯罪小説の縮減作用に窺える反動性に気付いてすらいないようなのだ。

ところが、西尾維新である。西尾維新は、『きみとぼくの壊れた世界』で、犯罪小説の反動性を乗り越え、問題解決の水準を犯人指名から犯罪事件確定へと格上げし、犯罪事件の作品を出来事の作品に転化しようと格闘している。

青島刑事と病院坂黒猫

『踊る大捜査線』で青島刑事は叫ぶ。「事件は会議室で起きてるんじゃない、現場で起きてるんだ！」。事件発生に遅れて現場に到着したにもかかわらず、自惚れているのだ。ところが、無内容な警察行政改革をお願いしながら、プロファイリングと監視カメラを駆使し、事件発生現場を取り押さえようとしても、いつでも事件を取り逃がしてしまう。そこを誤魔化すために、事件を捕まえる代わりに、犯人を捕まえようとする。事件の痕跡の代わりに、犯人の痕跡を嗅ぎ回る。やがて好都合なことに、犯人が姿を現わしてくる。累犯なくしては成り立たない捜査なのだ。追跡捕物劇が演じられる。役目なので犯人は逃げる。これも役目なので青島刑事は追いかける。都市観光案内だ。そして犯人にタッチすることをもって、一件が落着する。『踊る大捜査線』とは、犯人逮捕以外の事件解決を想像できない中産市民階級が、警察の犬と惨めな犯人に鬼ごっこをさせる作品である。

これに対して、『きみとぼくの壊れた世界』で病院坂黒猫は、「探偵の役割」は「事件を事件として立証すること」にあると主張する。探偵の役割は、犯人を言い当てること（フーダニット）でも、犯行の態様を言い当てること（ハウダニット）でも、犯行の動機を言い当てること(ワイダニット)でもなく、事件が事件として成立することを立証することなのだ。フーダニット・ハウダニット・ワイダニットは原理的には易しいことである。しかし事件を事件として確定することは極めて難しいことである。そもそも殺人事件とは何か。誰かが誰かの肉体にナイフを刺し込み、後者の肉体が死体に短時間に変容することか。その通りだ。しかし事件の事件性がそれに尽きるなら、これほど騒ぎが起こるはずがない。殺人事件とは、たんなる物理的で生物的な変化に尽きない、それ以上の何ごとかである。あるいは、それ以上の何ごとかに仕立て上げられる何ごとかである。その仕立て上げこそが事件の事件性であり、そこを立証して逮捕しなければならないのである。さしあたり、病院坂黒猫は、フーダニットが内包する問題を、「操り問題」として取り出している。

病院坂黒猫を含め、作品の主要登場人物は六人である。そのうちの一人が殺されたことが明らかになる。例のごとく、殺人事件は起きてしまい、事件の発生に遅れをとることになる。だから、これも例のごとく、犯人と犯行態様と犯行動機を推理していく。ここで病院坂黒猫は、操り問題に突き当たる。自分も含めた六人、A・B・C・D・E・Fのうち、Fを殺した犯人がAであるとしよう。しかしAはBに操られたのかもしれない。さらにBはCに操られたのかもしれない。巡って、実はFが操って、Aに自らを殺すように仕向けたのかもしれない。さらに巡って、そのことを見越してAは最初の行動に打って出たのかもしれない。それだけではない、「登場もしていないZ」が操っていたのかもしれない。

この操り問題とは、作品に与えられた条件だけでは、犯人を決定できないという決定不可能性問題である。大切なのは次のステップである。普通は、Zに拘泥するステップがとられる。このZには二重の超越性がある。一方で、Zは、犯人決定に必要な条件を体現する、作品に内在的な超越者である。他方で、Zは、決定不可能性問題を含む作品の作者を体現する、作品に外在的な超越者である。そこで、この二重の超越性を孕んだZが、特別な人物や特別な仕掛けとして、作品内部に繰り込まれることになる。これがメタ小説である。しかしこれは、事件解決を犯人決定に縮減した後の苦肉の策にすぎない。また、書かれた作品においては、人物を過不足無く特定する条件を書き下すことはできない。書かれた作品における諸条件の束は誰かを特定する固有名ではないし、そもそも登場人物名は固有名たりえないからである。したがって、犯人決定不可能問題からメタ小説に移行することは、極めて安直なステップであると言わざるをえない。

病院坂黒猫にとって、犯人の決定不可能性問題が重大なのは、確かに起こったはずの事件そのものが蒸発してしまうからである。あるいは、事件が作品世界全体に蔓延してしまうからである。ここにこそ、西尾維新＝病院坂黒猫の明察がある。

AがFを殺したことが事件の事件性であるとすると、AとFの順序対〈A, F〉で事件を表示することができる。AがBに操られるなら、BとAとFの順序対〈B,〈A, F〉〉で事件を表示することができる。以下、同様に進む。ところが、有限要素が構成しうる順序対の数は膨大であり、原理的には無際限である。犯人が決定不可能になるどころか、そもそも事件が決定不可能になる。たしかに死体は転がった。しかし事件は定まらない。事件は、いたるところで起きたようでもあり、どこでも起こらなかったようでもあるのだ。こうして事件の事件性は出来事性に転化される。例解する。メビウスの輪の作成を考える。紙片をネジって、その表の面と裏の面を、紙片の端で繋げる。紙片をネジルという出来事が、紙片世界を大局的に変貌させるのである。この出来事は、メビウスの輪にあっては、ネジレという事件として実現する。このことを紙片の表面上に棲息する二次元的な主体から見るなら、どうであろうか。たしかに世界は大局的に変貌した。何か重大な出来事が起こったのだ。そこで世界を局所的に捜査していく。嗅ぎ回って進んでいくと、出発点に戻ってしまう。どうやらネジレという事件が起こったようだ。ところが、ネジルという出来事も、ネジレという事件も、紙片世界内部のどこで起こったかを言い当てることができない。ネジレはいたるところにあるし、その意味において、どこにもないからである。病院坂黒猫は、操り問題を通して、このことを洞察しているのである。では、『きみとぼくの壊れた世界』においては、いかに事件は事件として立証されているのか。そこを見るために、別のやり方を参照しておく。

マッピング

警視庁のHPを見ると、「犯罪発生マップ」なるものがアップされている。警察庁科学警察研究所が、「地理情報システムを応用した身近な犯罪の効果的防止手法に関する研究」に基づき、各種犯罪を各エリアにマッピングしたものである。取り上げられた罪種は、「ひったくり」「住居対象侵入盗（空き巣）」「事務所等侵入盗（事務所荒らし）」「車上ねらい」「粗暴犯」の五種類である。粗暴犯とは、その但し書きによると、暴行罪・傷害罪・傷害致死罪・脅迫罪・恐喝罪・凶器準備集合罪である。そして、「カーネル密度推定法」なるものによって「犯罪の発生密度」が計算され、地図には彩色が施されている。「一件も発生のないところは白色、その後発生件数の少ないところから緑色、黄色、赤色と密度の程度により色分けされています」。マップの効能はこう説かれている。「この地図は、身近な犯罪について、その発生状況を目に見える形で表すことにより、防犯情報として役立てていただくことをねらいとしています」。

犯罪発生マップとは、事件を取り逃がしたことの記録にすぎない。事件の発生に遅れて、警察が到着する。警察は事件を取り逃がしたので、事件の痕跡だけを見つける。殺人事件であれば死体を、傷害事件であれば肉体の傷を、盗難事件であれば空になった金庫を見つける。それらの痕跡から推定された事件発生現場を、一つひとつ地図に落としたわけである。その程度のものでしかない。一笑に付して片付けるべきものだが、もう少し考えてみる。

犯罪発生マップは、近年の新犯罪学の動向に忠実に、フーダニットもハウダニットもワイダニットも放棄し、事件そのものに焦点を当て、事件そのもののコントロールを目指しているように見える。しかし、そうではない。犯罪発生マップは、事件の痕跡の記録にすぎないものを事件の記録と偽っているのである。そこで、こう考えなければならない。死体が転がることが事件なのではなく、死体を地図にマッピングするというそのことが事件であり、そんな事件の記録として犯罪発生マップは解読されるべきなのである（染色体地図のマッピングも同様に考えることができる。このマッピングに、ドゥルーズ＝フーコーの地図製作を対決させることは別の機会を期す）。その解読の方向は幾つか考えられるが、西尾維新に繋がる方向を辿ることにする。

先日、田園調布駅構内で強盗傷害事件が起きた。ありふれた事件だが、幾つかの波及効果をもたらした。田園調布駅構内は、将来も犯罪事件が発生するリスクの高い場所としてマッピングされた。それに伴い、犯罪予防を名目として、警備員が配置され監視カメラが設置された。犯罪の環境要因をコントロールし、田園調布駅構内にセキュリティを保障するというわけである。それだけではない。以後、そこを通過する市民たちは、監視されることによって安心を与えられることになる。何しろ市民たちは自分には疚しいところがないと自認しているからだ。あるいはむしろ、市民たちは、監視される場所を通過して疚しくない良心を贈与されることによって、自分が疚しいものではないことを保証してもらうのだ。このようにして、監視カメラは、環境要因だけでなく心理要因をもコントロールする。監視カメラはまさしく現代の教会堂である。

ローレンス・レッシグが『CODE』で指摘するように、コントロールは市民の自由や生活を侵害するのではない。そうではなくて、市民の心理を改良し、市民の自由を増大するのだ。コントロール社会は、厳しい裁きの神というよりは、慈愛に満ちた聖母である。家父長制支配というよりは、家母長制支配である。〈自由に気楽に生活しなさい。政治的にも道徳的にも正しく暮らしなさい。健康に配慮し、清潔を心がけ、異臭を放たず、体温に気をつけなさい。あなたのためになることなのだから、そうしなさい。そうしないと居心地悪くなりますよ〉。死体が転がるとマッピングを介して世界は変貌する。それが事件である。その事件の事件性とは、市民生活の自由や安全が脅かされることではない。市民生活の自由と安全が増加することである。『きみとぼくの壊れた世界』に戻ろう。

愛の増加

兄・様刻は妹・夜月を徹底的に保護する。小二の夜月が酷く苛められたとき、小三の様刻は、「とりあえず夜月の左脚を折って強制的に入院させ、夜月が学校に行かなくとも済むようにした」上で、「妹のために苛めっ子への暴力を行使」した。そのために二人は転校する羽目にもなったが、兄の妹に対する保護者的な愛は深まるばかりであった。兄は午前五時前に起床して、二人分の弁当と朝食を用意する。二人は連れ立って通学する。兄は父であり母である。友人であり愛人である。実際、夜ともなれば、二人の親密度はさらに深まる。

「んー……えとえと、じゃあお兄ちゃん、まず、いつもみたくしてくれるかな」。「ベッドの端に腰掛けて、脚を左右に開く。夜月は回転椅子から立ち上がって僕に寄って来て、左太腿と右太腿の間の空間にちょこんと腰を据え、背を僕の上半身へと任せた。僕は夜月の胴に手を回し軽く抱きしめるようにして、夜月の右肩に顎をのせる」。

そして様刻は決断する。「夜月を守る。夜月に迷惑をかけず。夜月を傷つけない方法で」。しかも「足し算や引き算」によってではなく、「もっと複雑怪奇な、暴力的でしかもグロテスクな計算」によって。

こんな様刻と夜月の生活に、男が介入してくる。数沢六人が、様刻は琴原と付き合っていて本当は妹が邪魔なのだと、「戯言」を妹に吹き込む。そこで様刻は、数沢六人に暴行を加え、琴原からも距離をとる。ところが、今度は、箱彦と琴原が介入してくる。箱彦は、数沢六人に制裁を加え、様刻と琴原の仲裁に入る。それを受けて、琴原は様刻に愛を告白するが、その場面を妹に目撃されてしまう。

妹は部屋を荒らす。「均衡」が破綻する。均衡を回復するために、様刻は妹と肉体的な愛を取り交わす。「ずっと。一生、離れない。誓おう」。「それではさようなら倫理。もう二度とお目にかかることはないでしょう。今までありがとう道徳。本当にお世話になりました。僕は、妹を愛します。腹に回していた手を焦らすような仕草で這わせながら、静かに、夜月のささやかな胸へと移動させた」。こうして世界は修復される。実は、以上の経緯の中で数沢六人は殺されるが、世界は修復される。「今の僕にはあまりにも問題がない」。「世界は今までと何も変わっちゃいない」。

感動的なことに、病院坂黒猫は、まさにそのことに「恐怖」を感ずるのだ。「世界が自分の関係ないところで進行していく、その恐怖だ。世界に対し――不安になっているんだ」。しかし「不安は解消されなければならない」。

市民たちの「調和の取れた世界」は、何ごとも起こらなかったかのように「完結」している。病院坂黒猫の認識は違う。たしかに何かが起きたのだ。死体が転がっても、あるいは、死体が転がったからこそ、世界に小波が発生して、然るべき行動を経て、均衡が回復されるというそのことが、何かが起こったことを告げている。何かが起こったからこそ「調和の取れた世界」が続いているのだ。「そうでなければ、ここはあたかも壊れた世界だ」。

犯罪発生箇所がマッピングされる。犯罪発生マップが作成される。監視カメラが設置される。人間の安全保障が確保される。不安になり、次いで安心する。イノセンスを再認する。これが「あたかも壊れた世界」なのだ。

とはいえ、この世界のネジレを言い当てるのは困難極まりない。ネジレはどこかにあるはずなのに、ネジレをどこにも見つけられない。ネジレは蒸発したように見える。市民たちは問題すら感じない。「分からないことがある」のに、世界は「何の問題もなく進行していく」。再び感動的なことに、病院坂黒猫は、分からないくらいなら「死んだ方がマシだ」と命を懸けさえするだろう。以下、ネタバレ禁止という口実を利用して簡潔に済ませる。

内田隆三は、『探偵小説の社会学』で、「探偵小説の本格化・形式化」の方向を三つにまとめている。第一に犯行の空間に関しては密室を構成すること、第二に犯行の時間に関してはアリバイを偽造すること、第三に犯行の動機を恣意的な形式ないし不在にすることである。病院坂黒猫は、この本格化・形式化が、犯行の空間にではなく、市民の空間に適用されるという事件によって、「あたかも壊れた世界」が成立していることを立証するだろう。

『きみとぼくの壊れた世界』の決算はこうなっている。様刻を除くすべての男は有償で病院坂黒猫を愛していたが、様刻は病院坂黒猫への無償の愛を自覚するようになる。そして琴原にもそれなりの愛を告げる。さらに妹の「無料ご奉仕」も受け入れる。要するに、様刻は、すべての女性と、愛し愛されることになる。六人の世界は、一人が引き算されることで、五人の世界へと変換し、同時に世界の愛の総量は増加する。そんな世界こそが、どこかで人間が殺されることによって、アリバイ付きの密室として成立する「あたかも壊れた世界」なのである。それは、「複雑怪奇な、暴力的でしかもグロテスクな計算」によって成立する中産市民階級の世界にほかならない。

第2章

おフランスの現代思想ざんす——「真理の殉教者」としてのイヤミ

赤塚不二夫『おそ松くん』

『おそ松くん』が『週刊少年サンデー』で始まった一九六二年に小学校三年生、アニメ『おそ松くん』のテレビ放映が始まった一九六六年に中学校一年生であった私の世代は、赤塚不二夫マンガの主たる読者層であり、もろにその影響を受けていた世代である。先日、六つ子の名前を思い出そうとして、なぜか「チョロ松」を思い出すのにすこし時間がかかったものの、きちんと全員の名前を復誦することができた。いまでも私は、店頭で販売されているおでんを見るたび「チビ太」の△○□の串おでんはないのかと思うし、「嫌味」という文字を見たり音声を聞いたりするたびそれは脳内で自動的に片仮名の「イヤミ」へ変換される。知覚の一部が「おそ松」化されているのである。[*1]

とはいえ、マンガの内容はほとんど忘れており、およそ五〇年ぶりに『おそ松くん』を通読して驚いたのは、「どろぼう」と「こじき」が登場する頻度がきわめて高いことである。そこを糸口として、『おそ松くん』を、「戦後が終わった」時期の作品として、ただし「経済は別の手段をもってする戦争である」とばかりに戦争を継続する作品として位置づけてみたい。その趣意は、『おそ松くん』の変容を通して、「おフランス」の現代思想の来し方と行く末を考えてみることである。[*2]

私の見通しでは、『おそ松くん』は、クレージーキャッツの映画「無責任シリーズ」や「日本一シリーズ」と同等の歴史的・思想的意義を有しており、それらは、開高健の『日本三文オペラ』とともに、戦後の高度経済成長を支える諸原理に対抗する、別のエコノミーの諸原理を示している。すなわち、高度経済成長を支える生産力主義に装塡された規律権力に対して、反操行の精神でもって対抗しながら、資本主義的市場の秩序の限界を超える地帯を探索してから秩序の内部へと帰還する往還運動を通して、秩序をタフに凌いでいくような主体を示している。[*3] その主体は、規律権力によって個人化される主体でも、戦後法秩序が想定する法権利の主体や責任の主体でも、戦後の市民社会や家族を担うリベラルで民主的な主体でも、戦後経済秩序によって再生産される労働力の主

＊1　私の闘争観の一部も「おそ松」化されている。また、私の障害者観は相当に「天才バカボン」化されている。
＊2　本章では、『おそ松さん』には論及しない。
＊3　反体制ではなく反操行である。ミシェル・フーコー『社会は防衛しなければならない』（筑摩書房、二〇〇七年）二四八頁参照。

体でもなく、まさしく企業家的な主体である。[*4] その主体にとっては、経済が生産や消費として現われることも、分配や交換として現われることもない。ギャグ漫画、ドタバタ喜劇、スラップスティック文学の主体にとって、経済は隅から隅まで競争として、言いかえるなら闘争や戦争として営まれるのである。以下、『おそ松くん』の変容に、企業家的主体が登場して敗北していく過程を透かし見ることにする。

およそ一九五〇年前後まで、「どろぼう」や「こじき」は、戦後期の混乱や貧窮を象徴するものであり、それゆえに、戦後の復興を確かにするためには何よりもまず消去されるべきものであった。そして、『おそ松くん』の連載が始まった一九六二年には、「どろぼう」や「こじき」は基本的に鎮圧され収容されていたはずである。[*5] 松本雅彦の回想を引いておく。

3号館、5号館の慢性病棟には、曽根崎太郎とか梅田チカ子とかいう名の患者がいる。曽根崎さんは大阪駅前曽根崎署前の路上で放浪していた人、梅田さんは大阪駅梅田地下街の階段脇で生活していた人だと聞いた。自ら名乗りをしないのか、名乗りができないのか。そのために、この種の名前がつけられている。今日でいう「ホームレス」の人たちだ。戦後の「浮浪者狩り」の対象となって、二十数年後の今日も精神病院慢性病棟から退院できないままに、つつましく病棟の片隅で日々を送っている。[*6]

ところが、強調しなければならないが、『おそ松くん』において、「どろぼう」と「こじき」は、完全に職（業）の一つとして、また、生（業）の一つとして成立している。かれらは、各話の最後にはもちろん警察に捕まるのであるが、赤塚マンガの警察が常にそうであるように、それは弾圧的であっても治安的でも矯正的でも社会防衛的でもなく、「どろぼう」や「こじき」の廃業を強いるわけでも悔悟や反省を強いるわけでもないのであって、警察にしても、「どろぼう」や「こじき」と対等に、後者を捕まえる役回りの職の一つとして営まれるだけである。そして、「どろぼう」や「こじき」は、職の体

＊4　この「企業家的」の意味については、次の論文を見よ。布施哲「新結合をめぐって　イノベーションとその主体に関するいくつかの考察」『思想』二〇一五年九月号。

＊5　空き巣狙いの「どろぼう」は貧困層にとってこそ身近な脅威であったが、それに対する防衛意識は一九六〇年代には消えていた。貧困層においても、貧困層なりの安全装置が機能し始めたのである。また、傷痍軍人姿の「白衣募金者」も、一九六〇年代には街路から一掃されていた。この点では、植野真澄の一連の仕事を見よ。とくに、「「白衣募金者」とは誰か　厚生省全国実態調査に見る傷痍軍人の戦後」『待兼山論叢（日本学篇）』三九号（二〇〇五年）。

＊6　松本雅彦『日本の精神医学　この五〇年』（みすず書房、二〇一五年）七六頁。

系において最底辺に位置づけられているものの、決して慈善・同情・福祉の対象や軽蔑・差別・排除の対象として描かれることはない。むしろ、職の体系が厳然として存在することを肯定するためにこそ、最底辺の職として「どろぼう」や「こじき」が召喚されているのである。どうしてか。経済の実態は、不平等な職の間に繰り広げられる競争だからである。[*7]

『おそ松くん』において競争の起源となるのは、しばしば「空腹」である。しかし、そこからも、戦後期を象徴すると見なされる食糧不足の意味は払拭されている。「空腹」は、何か隷属的状態に陥るように動機づけるのでもないし、何か正業的な地位に落ち着くように促すのでもない。「空腹」は、食物と貨幣の争奪戦を開始させ、おのれの能力を元手とした競争を駆動していく。[*8] そこでは、父親や母親もそれぞれが職の一つであり、子供でさえも職の一つである。子供は、組織化された集団的力能も駆使しながら、「どろぼう」や「こじき」や専門職に伍して、企業家的な競争に入りこむ。子供は「養子」や「捨て子」をも職・生とするのだ。その行動は、市場を律する秩序も、児童労働に対する法規制も越えていく。その行動たるや、犯罪の域にはいたらないものの、十分に非行的であり反秩序的である。ところが、強調すべきは、まさにそのドタバタこそが経済を形成していくのである。それこそが企業戦士の原光景である。

そこから引き出されるべき含意は多いが、一つだけ記しておくなら、その経済において、不平等は否定されたり否認されたりすることはない。「大金持ち」も「こじき」も、競争に参画する企業家的な職としては対等である。そこでは、誰一人として疎外されることも差別されることもない。[*9]『おそ松くん』における『天才バカボン』的な人物であるハタ坊にしても、その低い能力を元手に職・生の一つを開発して競争に参入するのである。[*10]

『おそ松くん』の構成原理が以上のようなものであるとしても、そこにはおさまらないものがあるのも確かである。その一つが、イヤミの「おフランス」である。私の解するところでは、「おフランス」は、「アメリカ」や「ソ連」とは違って、当時の国際市場

＊7　資本主義における、交換から競争へ、等価性から不平等への移行については、ミシェル・フーコー『生政治の誕生』（筑摩書房、二〇〇八年）一四五―一四七頁。

＊8　セネカのいう「貧乏の訓練」である。ミシェル・フーコー『主体の解釈学』（筑摩書房、二〇〇四年）四八一頁。

＊9　フーコー『生政治の誕生』二九八頁。

＊10　これが経済的なものを離れて全面展開されるのが、『天才バカボン』である。

の外を印し、国内市場に関与しながらもそこに回収されない次元を印すほとんど唯一の言葉である。

特筆すべきは、イヤミは、その「おフランス」を生きることを通して、職・生の競争=戦争に参入していくことである。医者としてのイヤミは、「おフランス」式に、辛子を薬として供給する。しかし、イヤミは詐欺師ではない。藪医者であるにしても偽医者とは言い切れない。イヤミは、専門職たる医者の矩を越えない範囲で、つまり人を死なせない範囲で、医療の限界を試しながら、専門職間の競争に打ち勝とうとしている。いまでは常態化したこの職業倫理が、イヤミにあっては、「おフランス」でマークされているのだ。同じことは、生についても言える。空腹を抱えるイヤミは、チビ太がテーブルにこぼしたラーメンの汁を、「おフランス」ではこうやるものだと語りながら、なめまわす。それは、貧困や無作法を隠蔽したり否認したりするための防衛ではない。おのれの欲望を正当化するための口実でもない。そうではなくて、イヤミにとっては、こぼれた汁をなめることが、まさしく「おフランス」式の争い方・生き方なのである。『天才バカボン』的に言いかえるなら、いわゆる犬食いもまた、生の一つであることを示す言葉が「おフランス」なのである。[*11]

イヤミは、「おフランス」を血肉化し行動化する。イヤミだけが、経済の外を経済の内で体現する。こうして、『おそ松くん』が、作品としては、イヤミと命運を共にすることが見えてくる。

『おそ松くん』では、次第に、六つ子の家族は安定してくる。その題材が、しばしば家族旅行にとられることが示すように、家族は家計単位として安定してしまう。『おそ松くん』は、家族的なものに順繰りに変人が闖入して来るだけの、ホームドラマとして安定してしまうのである。実際、一九六九年の『週刊少年サンデー』での最終回直前「ドロボウは教育のために」では、全員が「どろぼう」の社会でも教育的秩序が成立する次第を描き出すことで、「どろぼう」も体制内化したことが確認され、最終回「いまにみていろミーだって」では、企業内部の底辺におちぶれたイヤミは、企業の内部における競争秩序に馴致していることが確認されて、いささか苦々しい形で連載は終えられている。[*12] そのようにして、民衆的な企業家的主体も、「おフランス」を体現する主体も、

＊11　だから、「おフランス」は、言葉としては「マルクス」にも「資本主義」にも「宗教」にも置換可能である。残飯処理、ダイエット産業、断食行などを考慮せよ。

＊12　最終回の前に『月刊別冊少年サンデー』に掲載された「イヤミ小隊出撃せよ」は、名作の誉れが高い「戦争」マンガであるが、本章の論脈からするなら、競争＝戦争に別れを告げるものとして読まれうる。

歴史的に敗北したのである。[*13]

その後、一九七二年―七三年に、『週刊少年キング』で、イヤミを主役とする『おそ松くん』が掲載されることになるが、それは袋小路に向かって突き進んでいく。

対象読者層の年齢が進んだせいもあろうが、『少年キング』版では、セクシュアリティが前景化してくる。ところが、そのギャグ化はことごとく失敗していると言わざるをえない。仮に一九六〇年代の技法をもって一九七〇年代にのぞむなら、セクシュアリティ市場における美醜の不平等をそのまま肯定しながら、不細工な男と女がその醜を職業・生業として競争＝戦争に参入する方途をギャグ化しなければならないはずであるが、同時期の漫才や新喜劇での達成にもかかわらず、これはおそらく少年マンガ全般が抱える限界のせいでもあろうが、美醜の不平等をめぐるギャグはあまりに通俗的な水準にとどまっており、セクシュアリティを競争化＝戦争化することに成功していない。そのためもあろうが、一九七〇年代初頭におけるイヤミは、ゴリラや人魚と結婚して子供をもうけたりもするのだが、その獣的愛も人獣的生物も結婚と家族の秩序にすっぽりとおさまっている。性対象を美しい女から醜い女へ、そして醜い男へ、さらに獣へ転位したからといってギャグにも批評にもなるはずがない。[*14]

これと並行して『おそ松くん』で進行したのは、「どろぼう」や「こじき」の凋落である。「ビンボウ」は、競争市場から排除され滑落していく別の場所として表象されるようになる。[*15]「コジキ」は、「めぐみ」を求めるだけになる。[*16]イヤミは、周囲から「ドロボウ」呼ばわりされて排除されるようになる。[*17]ハタ坊からも、「まじめにはたらくといいジョー」と説教をされるようになる。[*18]次第にイヤミに居場所はなくなっていく。夢の中とはいえ、イヤミは、貨幣を差し出しても、「だれも、なんにも売ってくれない」ようになる。[*19]「サバク」を夢みても、幻であることを思い知らされる。[*20]その果てに、痛々

＊13　イヤミは、「おフランス」という「真理」の「殉教者、証人」である。ミシェル・フーコー『真理の勇気』（筑摩書房、二〇一二年）二一八頁。
＊14　それでも、佳品はある。「ヘビの利用法」、「やまびこ小僧あらわるざんす」、「イヤミのウラミは死を呼ぶざんす」をあげておきたい。
＊15　「となりのカワイコちゃん」、「いやな世の中くたばれざんす」を参照。
＊16　「ウソ発見器バクダンだス」。
＊17　「リンゴのうらみはおそろしい」。
＊18　「ハタ坊と10万円ざんす」。
＊19　「夢の中からお金が出たぞ」。
＊20　「サバクのはかないまぼろしざんす」。

しいとしか言いようがないが、イヤミを除く全員が、「どこもおかしいところがないのに」、「グルになって」嘲笑することによって、イヤミを「町」から追い出すにいたるのである。[*21]

どうして、一九七〇年代のイヤミは、これほどまでに追い込まれなければならなかったのであろうか。どうして、赤塚不二夫は、「ミーは、もうおまえのマンガにはでてやらないざんす!!」とイヤミに言わしめることによって、連載を終わらせなければならなかったのであろうか。[*22] 答えは明らかである。一九七〇年代について「おフランス」を見出すことができなかったからである。[*23]

さて、それからすでに四十数年が過ぎている。いまでは、『おそ松くん』以後に出現したセクシュアリティや排除をめぐる別の「おフランス」も毒気を抜かれ凡庸化している。エコノミーのギャグ化にしても、たかだか企業や学園の内部にとどまっており、経済そのものに戦争を持ち込むものとはなっていない。ところが、気づくべきだが、現実こそが悪しきマンガと化しているのだ。先進諸国の金融政策にしても、ポピュリズム・レイシズムの政治にしても、出来のわるいドタバタでしかない。マスメディアやネットの言論にしても、学識的なものから露悪的なものにいたるまで、出来損ないのギャグでしかない。このような時代状況にあって、新たな仕方で企業家的で「おフランス」なマンガが出てくるなら、風通しも多少はよくなるはずである。

＊21　「なぜにミーはきらわれる」。

＊22　「イヤミと豆の木ざんす」。

＊23　イヤミは、「ミーの歌がヒットしない」のは、顔が高級すぎて「日本人の大衆」にむかないからだと考えて、「日本人の顔にかえる」ことまでするが、もちろんうまくいかない（「ミーは売れっ子歌手ざんす」）。また、「だれもシェーを見たがらない」のは、「ミーのシェーは芸術」であるからとも考えるが、もちろんそこには意図的な否認がある（「シェーのおしうり」）。いずれにしても、「おフランス」の敗北がイヤミに重く圧しかかっている。イヤミは「万引きしてためたお金」で「やっとフランスへ行ける」状況にもなるが、むしろそれは「おフランス」の消滅を告げている（「南の島でしあわせに」）。

第3章

不幸を追及する権利

古谷実『ヒメアノ～ル』

欧米の映画を見ても、さもありなんと思うのは、刑事犯に占める薬物依存者の割合がきわめて高いことである。少し驚いたのだが、日本でも、受刑者に占める薬事犯と薬物使用経験者の割合は増えており、相も変わらず、日本は欧米先進諸国を追いかけているようである。

薬物といっても、さまざまなものがある。健全な市民が継続的に使用する常備薬、高齢者が日々大量に服用する医薬品、会社員が国際出張の際に服用する睡眠導入剤、競技スポーツ選手に宛てがわれる合法サプリメント類、落ち着かない子どもに飲ませる向精神薬、等々である。要するに、日本では、老いも若きも、健康人も病人も、強者も弱者も、薬漬けになっている。誰もが、合法か違法を問わず、精神的・身体的な快調を求めて薬物に依存しているのである。

このような状況では、薬物と犯罪について、次のような信念が成立している。第一に、違法薬物使用は、快楽を求めてのことである。第二に、追求される快楽は、とりわけ性的な快楽である。第三に、同じ訳合いで、犯罪は、その実行の快楽を求めてのことである。こう信じられているので、薬漬けの社会では、快楽殺人犯が、最も危険で最も倒錯した人物とみなされるようになる。

さて、『ヒメアノ〜ル』が教えることは、事情はそれほど簡単ではないということである。たしかに、古谷実の原作では、森田（森田剛が演じている）は快楽殺人犯として描かれている。なにしろ、最初の殺人のとき死にゆく人間を眺めながら自慰にふけったり、ユカ（佐津川愛美）を標的にするのも女を苦しめながら性的に逝くためであったりするのだから、どう見ても、殺人を快楽としか感じられない倒錯した心性の持ち主である。原作の用語でいうなら、殺人の「瞬間」だけが「最高に完璧に充実した時間」として感じられるような、そして、その至福を目指すことだけを生きがいとするような、そんな「稀な側」の人間なのである。しかも、原作では、何らかの薬物を常用しているとも示唆されている。そのせいもあろうが、森田は、幻覚を見るし、幻聴に捉われる。森田は、精神にも失調を来たした自傷他害の惧れある危険人物である。原作では連続殺人にいくらか不可抗力的な面も描かれているものの、映画ではその面を払拭して意志を強調しているように、森田は自覚的で意図的な連続殺人犯である。

しかし、事情は簡単ではない。以前からそうではないかと思いながら、『ヒメアノ〜

ル』も経てほぼ確信に変わってきたのだが、薬物依存者は、たしかに快楽を求めているのだが、同時に、苦悩を求めているのではなかろうか。快楽の瞬間に前後する時間を、苦悩に満ちたものへ変えたがっているのではなかろうか。同じことは、快楽殺人なるものについても言えそうである。その瞬間の前後において苦痛を感じたがっているのではなかろうか。人間が享楽をとるのは、薬物や犯罪におけるハイの瞬間ではなく、いわばその副作用のバッドの時においてなのではないか。自慰の快楽にしても性交の快楽にしても、どう見ても嵩が知れているのだから、そんなところに眼目があるはずがない。むしろ、落ちるところまで落ち切って本当の不快を経験するところに依存の根があるのではないか。

『ヒメアノ～ル』の基本法は、幸福を追求することである。いかにして、ビル清掃業の非正規雇用の単身の男が、幸福なライフコースに乗ることができるかということである。岡田（濱田岳）によるなら、いかにして、「女の人と付き合う事」、「やりがいのある仕事」、「一緒に生きる大切な人」を得るかということ、すなわち、上等な職業に就き恋愛して結婚するライフコースを勝ち取るかということである。それは通俗的で大衆的な夢であるが、いまや相当数の人間にとってほとんど実現不可能な課題である。しかも、ライフコースから外れてしまうなら、「孤独死」が罰ゲームのように待ち構えている。

このとき、安藤（ムロツヨシ）が言うように、この世を構成しているのは、「男と女」でも「いい人と悪い人」でも「強者と弱者」でもなく、「愛する人がいる人間といない人間」の二種類の人間であることになる。前者は支配階級のような、後者は隷属階級のような様相を呈することになる。

ところが、森田には、その「愛する人」がいない。愛を望むことさえない。幸福のライフコース追求戦からは降りている。かすかにユカに対して倒錯的な愛をいだきかけるが、それはライフコースを作り出せる愛ではなく、原作ではその愛すらも放棄することを余儀なくされていく。そのとき、森田は、あたかも孤独死に相当する罰を求めていく。自ら求めるかのように、人に殴られ、雨に打たれ、ひたすらおのれの疲弊を加重させていく。古谷実は、森田を徹底して追い込んでいく。どうして、そのようにするのだろうか。

答えは明らかであると思う。不幸の極みにおいてしか救済が到来しないと密かに信じられているからだ。真の享楽、真の幸福は、苦痛と苦悩の果てにしか到来しないと密かに信じられているからだ。だからこそ、多くの犯罪映画でも見られるように、森田にとっても、逮捕が救済の代替となる。

とするなら、薬物依存にせよ、快楽犯罪にせよ、落ちるところまで落ち切ったその場所で救済が到来するという信仰、具体的には、刑務所や病院さえもが救済の場所になるという信仰に促されていると言えるのではないだろうか。繰り返すが、薬物や犯罪の高揚期の快楽など取るに足らぬものである。また、言うまでもないが、通例のライフコースでの幸福も取るに足らぬものである。そして、現代社会の「稀な側」の孤独な人間にとって、快楽を凌駕する享楽をとれる救済は、語の精確な意味において、権力からしかやって来ない。ミシェル・フーコーが何度も述べていたように、権力は人を抑圧し不幸にするだけでなく、権力は人に保護と慈愛を、治癒と救済をもたらす。付け加えるなら、だからこそ、権力は恐ろしいのである。

このように古屋実の原作を読みながら映画の特徴を顧みると、森田剛の前半の演技に対して感嘆せざるをえないものの、ラストの改変については、いくらか疑念が萌してくる。それはともあれ、この映画を通して、快楽殺人や薬物依存をめぐる通念が僅かなりとも揺らぐことを期待している。

第4章

モグラとサルの闘争——古谷実の反ブルジョア精神

古谷実

当然のことだが、漫画の社会派批評は評判がよくない。『ハムレット』を王権論だけで、『嵐が丘』をポストコロニアル批評だけで読み解くようなものだからである。とはいえ、いささか野暮にはなるが、社会派批評を切り口にしてのぞまなければ、いかにして古谷実が、ギャグで駆け抜けた『行け！稲中卓球部』から、ギャグ精神に溢れた『僕といっしょ』を経由して、ギャグ精神を押し殺したように見える『ヒミズ』へと移行したのかは理解できないだろう。

『ヒミズ』の主人公・住田は、貸ボート屋で母と暮らす中学生である。住田は、高校に進学しないで、貸ボート屋を引き継ぐつもりでいる。そうして「一生普通に暮らす事」を人生プランとしている。ときおり「元とーちゃん」が金をせびりに来たり、「オッサン」が母に会いに来たりはするが、貸ボートというそれなりの資産があるからには、住田としては、誰にも迷惑をかけず、誰からも干渉されずに、普通にやっていけば普通にやっていけるはずだと思うばかりだ。ところが事件が二つほど続く。母は、「オッサンと愛の逃避行」を選び、三万円ほど残しただけで、住田を置き去りにする。加えて、「元とーちゃん」が六百万円の借金をしているのがわかり、貸ボート屋の所属先も怪しくなる。こうして住田は、親に捨てられ、親の借金をかぶって、一気に「特別」な中学生にされてしまう。

断り書きを入れておく。このあと、住田は、「元とーちゃん」を撲殺し、決定的に特別な中学生になり、最終的には自殺するわけだが、この物語のラインは無視する。人間を殺した人間が、すったもんだの末に、自らを殺して死んでいくという筋立てには、〈そりゃそうなんでしょう〉以上の感慨を私はいだかないことに決めているからだ。その上で、社会派批評を始める。

親は中学生の住田を捨てた。これは児童遺棄である（「児童福祉法」では児童とは満十八歳に満たない者をいう）。子どもの人権侵害である（「子どもの権利条約」では子どもとは十八歳未満のすべての者をいう）。つまり、住田は、法律的にも社会的にも、侵害され傷つけられた児童であり、普通であることを奪われた特別で特殊な児童である。ここからどう進むか。

普通の人びと（市民、公民、以下ブルジョアと呼ぶ）なら、こう進めるはずだ。あそこの貸ボート屋で中学生が一人で住んでいる。手持ちの金は三万円。母は愛人と逃げ、父は準禁治産者。学校にも行ってない。あそこは川べりで、ご近所もない。誰かが手を貸さないと。そうだ、学校教職員、児童福祉司、警察生活安全課職員、民生委員、臨床心理士がいるではないか。こんなときのために、税金を出し合って、連帯・互恵・慈悲を制度化して人員を配置してきたんだ。よし、善は急げ、早速、携帯で通報してあげることにしよう。

さて、誰もが、漫画はそんな具合には進まないと思っている。あるいは、そんな具合に進めても、漫画としては終わってしまうと思っている。どうしてだろうか。一つには、誰もがブルジョアと同じように、特別な中学生を然るべきところに引き渡せば一件が落着すると決め込んでいるからだ。もう一つには、漫画はそんなブルジョア的なストーリーに異義を唱えるものであるからだ（イトキン「ありゃ性分じゃねえ！　ウンコハウスだ!!」『僕といっしょ』）。古谷実はこの点に極めて自覚的である。『行け！稲中卓球部』が良識や美意識を逆撫ですることにおいて反ブルジョア的であるのと同様に、『僕といっしょ』も『ヒミズ』も根底的に反ブルジョア的である。しかしブルジョアは手強い。通報する代わりに、次々と刺客を送ってくる。

同級生の茶沢が「ボランティア」と称してやって来る。住田は「大きなお世話だ」と断るが、何ものかが茶沢の口を通して説得にかかる。「じゃあ先生や警察に言うよ、住田君は今、親ナシで暮らしてますーって」「マスコミも呼ぶよ、ヒサンな中学生を、ドキュメントしてくださいーって」「いいの？　そのめんどくささはきっと、想像を絶するモノになるよ」。保護と監視の制度に世話になるのは面倒だし、マスメディアを通してブルジョアの正義感に訴えるのも面倒だ。だからこそ、ブルジョアは、小さなお世話のケアの倫理を用意して、制度を補完してきた。メンタルフレンドやホームフレンドなるものである（イトキン「なぜだ！　オレの中のオチャメさんがオレを親切のできん人間に！」『僕といっしょ』）。続く二人の議論を再構成してみる。

住田　人生は所詮死ぬまでの長い待ち時間だ。待ってるだけだとあまりにヒマなもんだから、ブルジョアは勝手にいろいろな事をしてるにすぎない。
茶沢　それって最底辺の話でしょ？
住田　それって、どれだ？
茶沢　人生が死までの待ち時間になっちゃう人のことよ。
住田　ブルジョアだって、本当はそうなんだぜ。
茶沢　その程度のこと、ブルジョアだってわかってるわよ。人生なんてそんなもんだと知った上で、色々頑張ってるんじゃない。
住田　オレにはそんな情熱なんかない。

茶沢　そうかな。普通の大人になるって、地味だけど大変な事だよ。

この類の議論にも刺客が潜んでいる。ブルジョアは、最底辺に対してならば、保護や庇護を与える。ところが、住田は、最底辺の人間ではない。手足は動くし、頭も働く。有能ではないが、無能でもない。しかし、それだけだ。それ以上でも以下でもない。そんな住田に対して、何ものかが茶沢の口を通して説得にかかる。住田、君には、「いろいろな事」をやる機会が平等に与えられている。君には、幸運なことに、それなりの身体能力と精神能力が与えられている。「色々」努力するなら、君の善の構想に従った人生プランを実現できるように、平等な機会が保障されている。親が養育義務を放棄したために、君は、自己に責任のない不公正な境遇に置かれたが、その不当な遅れを補塡するための援助制度は用意されている。君が情熱を少し発揮しさえすれば、「いろいろな事」から一つを自由に選択して実現することができる。仮に君にそんな情熱が湧かないというなら、たぶん君は疲れているのか、少しばかり心理的な症状が出かかっているのかもしれない。それなら、適切に対処し処遇する仕組みは用意されている。君はそこでさまざまなキャリア教育や職業訓練プログラムを選ぶことだってできる。君は社会的に排除されかけているが、まだ君なら社会的に包摂することができる。君に情熱があろうとなかろうと、君はいつも見守られている。これに対し、住田は叫ぶ。

「オレの志は高いんだ、こんな定番の不幸話じゃへこたれねーよ……オレの未来は誰にも変えられない、見てろよ、オレは必ず立派な大人になる!!……弱者ぶるなよ——、弱者ぶって人に守ってもらおうとしたり、優しくしてもらおうと思うなよ、クセになって止まらんぞ——」

だがブルジョアは強力だ。強力なのに姿が見えない。そこで住田は、「元とーちゃん」撲殺後、「悪い奴」を見つけて殺そうとする。しかし見つからない。やがて疲れて、「四つの選択肢がある事を冷静に考えてしま」う。すなわち、①自首、②自殺、③「悪い奴」に出会う「幸運」を捜し続ける、④「今からがんばって立派な大人になる」。①はこう退けられる。「勝手な言い訳」めいているが、「警察、裁判、少年院、漠然としたやっかいな事から〝死ぬ権利〟を含む自由を守」るためである。②を守るには、①を拒絶しておかなければならない。問題は③である。

『ヒミズ』には、やや取って付けたように、こんなシーンが挿入されている。「悪い奴」を捜して夜の街を彷徨しているとき、たまたま住田は、DVの犠牲者らしき少女を見つけ出す。ところが、ピザ屋が児童虐待防止法（第六条＝児童虐待を受けたと思われる児童を発見した者は、速やかに、これを福祉事務所若しくは児童相談所又は児童委員を介して福祉事務所若しくは児童相談所に通告しなければならない）に従い通告義務を果たそうとしたために、住田は最後の「せっかくいいチャンス」を逃したとして探索を放棄することになる。このシーンの意味するところは、住田が捜す敵は、ＤＶの加害者でもＤＶ防止法の協力者や執行者でもない、もっと別の何ものかであるはずだということである。

この段階で、何ものかが茶沢の口を通して①を勧告する。「泣いてでも人に助けを求めるぐらいの根性見せなきゃね」というわけだ。泣き詫びて、社会的に排除されてから社会的に包摂されることを乞い求めよというわけだ。住田は断固として拒絶する。

「ケツの穴を虫メガネで見られる思いをして……合いもしない価値感を無理に受け入れてでも……頑張って生きましょうって事か……冗談じゃない……誰がそんな事するか！……そこまでして助けてもらって後に何が残る？――まるでオレの人生の目標は長生きみてーだ」

だからということで、②を選択するのではない。私の見るところ、②と③と④を一撃で実現すべく自決を選択するのである。実は住田は、撲殺前にこんなことを語っていた。「たまたまクズのオスとメスの間に生まれただけだ、だがオレはクズじゃない」、だから「オレの未来は誰にも変えられない」とである。こんな場面で、ブルジョアは必ずこう語る。〈人間には生来の部分と環境や社会で作られる部分がある。両者の持ち分はどの程度かは簡単には決められない。生まれながらにして不運があるにしても、環境と社会において機会平等や教育や保険を保障することによって、それを緩和することができる。生まれながらにして不平等であるにしても、実質的な平等を確保することができる〉とである。ところで、住田は、最後に到って「クズ遺伝子」と口にするし、幻視する怪物から「決まってるんだ」と宣告される。とすると、住田は、ブルジョアの公式見解に反して、遺伝的決定論や生来性犯罪者論を信じ込むようになり、環境や社会がどんなに改良されようとも、クズであることを宿命づけられていると非科学的に誤認して、自殺したということにでもなるのであろうか。そうではないのだ。

ブルジョアは機会平等が保障されていると主張する。最底辺や弱者へのセーフティネットも張られていると主張する。環境や社会は整えられていると主張する。その主張は認めてやってもいい。有能でも無能でもないアンダークラスに対して、ブルジョアにそれ以上できることは何もないからだ。しかし、同時に、ブルジョアは、そうまでしてやっているのに脱落する者は生まれつきタチがわるいのだと密かに主張しているのだ。「決遺伝的決定論や生来性犯罪者論は、ブルジョア精神の分身なのである。とすれば、「決まってるんだ」と宣告する怪物も、怪物に食い込まれた住田自身も、ブルジョア精神の隠された分身であることになる。したがって、こうなる。住田が自決することは、最大の敵を殺す幸運を実現することであるし、頑張って立派な大人になることであるのだ。

恐ろしいのは、ブルジョア精神が、古谷実が描くモグラたち（ヒミズとはモグラの一種）に救済を与えず死に追いやるなどということではない。そうではなくて、誰もがブルジョア精神に捉われているために、「いろいろな事」を「色々」頑張る以外に何も思い付けなくなっているということである。

かつては、ギャグについて、こんなことが信じられていたと思う。世界の秩序は強固である。それでも秩序の変更を求めるし求めざるをえない者がいる。そこで、ギャグは、既成の秩序を転倒し既成の言語を攪乱して現状の世界を笑い飛ばしてしまうことによって、別の世界がありうることを垣間見させる。ギャグは、絶えず先延ばしにされる革命、永遠に訪れないかもしれぬ革命を、いま・ここで、一撃で倒錯的に実現するのである。

しかし状況は変わった。革命が不可能になったというよりは、世界の秩序がひどく脆弱になったのだ。『行け！稲中卓球部』に見られるように、転倒に値する権威など教員は持ち合わせていないし、罵倒に値する優秀性など竹田や木之下は持ち合わせてはいない。世界には小さなゲームの勝ち負けで決まる局所的な位階があるにはあるが、全体として世界はフラットに見えるし、勝ち組も負け組も均質な精神に捉われている。こんな状況にあって、過去のギャグなら、身体の欠損や過剰に破壊力を求めるところだが、田辺・M・五郎の腋臭は笑いをとることができないし、伝統的なキャラである田中にしても、世界から脱落した外部の位置と世界の常識的な位置とを何の矛盾もなく共存させてしまっている。こうして、相対的な優秀性も劣等性もかかえていない前野と井沢は、苦しい位置に立たざるをえなくなる。二人が放とうとするギャグは、攪乱に値する何ものもない世界で、何かを攪乱せんとするからには、言いかえれば、何も攪乱しないよりは、何ものでもない無を攪乱せんとするからには、能動的ニヒリズムの空回りを宿命づけられているからだ。

こんな風にして、ギャグ精神は優しく殺されてきた。しかし、前野と井沢のような若者が、それでもギャグ精神を発揮して生きるにはどうすればよいのか。これまで古谷実が出した解答は、フラットな世界から断固として意志的に脱落してみるのでなければギャグ精神の復活などありえないということである。『僕といっしょ』と『ヒミズ』がマークしたのは、そんな立ち位置である。『シガテラ』に大いなる期待を込めながら、さしあたりは、人生の意味など問うたところで、ブルジョア精神に回収されるしかない現状に対して、『僕といっしょ』のイトキン・すぐ夫とともに、「だはははははは……アッアホやー！……オレ達ゃ所詮サルなの！」と言っておこう。

第5章

ゲーム仕掛けの神——山本直樹『ビリーバーズ』を読む

山本直樹『ビリーバーズ』

されど、誰一人、握りしめたる拳に卓をたたきて…（石川啄木）

〈出来事〉は起こらず、〈事件〉が起こった

革命であれ運動であれ、そのピークを過ぎるなら、何ものかとの妥協を強いられる。そして、俗世では、妥協を促す思想には事欠かない。生活世界、共同主観性、コミュニケーション倫理、日常言語分析、言語ゲーム論、あるいは、市民社会、リベラルデモクラシー、ヨーロッパ共同体、グローバリズム、あるいは、終わりなき日常、宗教性抜きのスピリチュアリティ、共和主義、宗教的寛容、リベラルコミュニズム[*1]、心の毒を抜く人工知能論、等々。世に妥協の種は尽きない。

しかし、奇特なことにと言うべきだが、そうした凡庸な思想でもって片付けるのをよしとしない人が、〈事件〉の事後になっても少なからず存在する。そのような人は、革命であれ運動であれ、その正負の両面を見極めながら批判を繰り出すことが、最低限の

作法であると弁えている。事後的な批判は所詮は後知恵であるが、少なくともそれは内在的な批判になっていなければならないと弁えているのである。

とするなら、事後的で内在的な批判は、起こらなかった〈出来事〉の帰趨を見極めなければならないし、流産した〈出来事〉が不可避的に〈事件〉を引き起こすかどうかを見定めなければならないし、〈事件〉だけを盾に取った世俗的な非難を避けなければならない。この作法を守った批判を私はほとんど知らないが[*2]、少なくとも山本直樹『ビリーバーズ』はそれに取り組んではいるように思われる。

以下、いくつかの細部については無視したり少し枉げて読んだりすることをお断りし

＊1　支配層とその執事層からなるコミュニティだけに擬似共産主義的な原則をあてがう動向が、リベラルコミュニズムと称されることがある。日本政府による Society5.0 構想にも、あたかも（賃）労働の廃棄を目指すかのようなクリエイティブ階級による構想にも、その趣がある。

＊2　私の知る限り、自己批評を軸とした次のものはこの作法を守っている。竹熊健太郎『私とハルマゲドン　おたく宗教としてのオウム真理教』（太田出版、一九九五年）。ただし、最終的に、竹熊は、外在的な〈事件〉批判に頼るところがある。「組織の力学」、精神的「パンク」を破綻の原因とする。ただし、それでも竹熊は、その破綻が、「他人を巻き込む」〈事件〉に繋がるといった見立てには同意していない（五四頁参照）。なお、米国の〈事件〉については、テレビドラマ『HOMELAND』シーズン１（二〇一一年）をあげておきたい。

ておきたい。また、最終盤については、確たる読み筋を取り出すことは私には難しかったので、作品に対して不実な読み方になるかもしれないが、あらかじめお許し願いたい。

霊的人間へ

「先生」から指令が送られてくる。指令を受けるのは、三人。それぞれ「議長」「オペレーター」と呼ばれる男二人に、「副議長」と呼ばれる女が一人。三人は、「孤島のプログラム」を課せられている。夜に見た夢をすべて包み隠さず話すこと、安住の地へと出発する日は近づいており、その船出にふさわしい新しい人間になること、である。無人島譚が常にそうであるように、『ビリーバーズ』でも、食と性をめぐってドラマが展開していく。

汚辱に満ちたこの社会で生産された食物もまた、汚辱に満ちている。したがって、「先生」のパワーによって食物は浄化されなければならない。その浄化された食物が、定期的に島に運ばれてくる。ところが、ある日、腐った卵が大量に送りつけられる。一同は食べるのをためらうが、「議長」だけは、「先生」のパワーを信じ、命をかけて卵を食べる。当然、病むことになるが、「議長」は、生死の境をくぐりぬけてステージを上げていく。その心は解放され、その脳はクリアになる。「議長」は、すべての夢を思い出し、すべてを書き止めるようになる。こうして「夢記憶プログラム」が成就し、「心の永久革命」が始まる。「議長」は、自分を完全にコントロールする「完全人間」への一歩を踏み出したのである。

では、この永久革命家のどこを否定するというのだろうか。先ず、この社会が腐っているという厳然たる事実を認めておかなければならない。「不浄で、猥雑で、希望も価値も生きがいのかけらもない、汚濁に満ちた社会」にも、そこでの「灰色の生活」にも、腐臭が漂っている。そこに適応し適度にやり過ごしている人は、腐りきっている。そこに適応できずに病んでいる人も、社会の毒にあたっているにすぎない。腐っていることに変わりはないのだ。次に、この腐敗した社会と人間を浄化する日が、いつかやって来るという厳然たる事実を認めておかなければならない。相当に遠い先のことになるにせよ、いつか人類は絶滅し、その限りで浄化されるだろう。あるいはまた、ひょっとすると数十年後に、気候変動のスパイラル、新技術発展のシンギュラリティ、労働が廃棄されるSociety5.0、産業文明終焉後の（ディープな）エコロジー社会がやって来るだろう。その限りで、旧いものは浄化されるだろう。これら二つのことを認めるなら、われわれは、「議長」のように、その日に備え、その日を早めるために、「完全人間」を目指して情熱的に歩み出す「世界史的個人」（ヘーゲル）へ生成変化しなければならない。「議長」は正しい。事後的な批判など受け付けぬほどに、正しい。

では、永久革命家へ生成変化することを自他に証すための条件は何であろうか。「心」（マインド）をコントロールすることである。「心」だけは、腐敗を免れる領域、その意味で自然や身体から独立した領域、そして機械技術へ譲渡不可能な領域である。「心」だけが人間の本質をなし、そこが新しい人間を産出する場になる。「夢記憶プログラム」はグノーシス的な霊的人間へ生成変化するためのテクノロジーであり、それによってその日に備える「議長」は、あくまで正しい。少なくとも、現代のグノーシス的な主流派が、「議長」を批判できるはずがない。

ところが、「議長」がステージを上げんとしているあいだに、「副議長」と「オペレーター」は、「先生」から送られた腐敗物を食べることなく、島で「天然自然のもの」を採り集めて食べ始める。そして、「天然自然のもの」は、男女二人に、性的なものを開いていく。

性的人間から政治的人間へ

『ビリーバーズ』には無人島譚の俗情に依りかかるところがあり、その一例と言ってもよいだろうが、「副議長」と「オペレーター」は、海辺で食物を探しながら裸になり、そして抱き合う。二人のあいだに、性的なものが萌す。ただし、それは「俗世にまみれたセックス」と見分けがつかない。海辺での性的な経験は、外部からの侵入者によって性的に汚染される経験と見分けがつかない。実際、女は、男が「いく」のを制止する。「赤ちゃんができてしまうじゃありませんか」というわけだ。俗世の規範が引き合いに出されるのである。この点について「先生」の指令は引き合いに出されないので、どうやら、「孤島のプログラム」には、性的なものについて特段の禁止則はないようである。とするなら、性的なものを通してステージを上げる可能性も認められるはずであり、禁止と侵犯のドラマトゥルギーとは別の道を探らなければならないことになる。

その道へ導くのが、他ならぬ「議長」である。「議長」は、二人の営みの一部始終を遠くから監視している。そして、男女二人が性的なものを隠蔽して告白しなかったことをもって、「オペレーター」に対して、精神修養のテクノロジーを行使する。穴に埋めて、飲食を断ち、自己を反省し、自己を変容させるように促すのである。「オペレーター」は、生死の境をさまよい、臨死体験を経て、「行って帰って」来る。ところが、その記憶が飛ぶようになる。すべてを思い出せなくなる。心をコントロールできなくなる。「オペレーター」は、「完全人間」への主体形成の道を塞がれていたのである。こうして別の精神修養が必要となるわけだが、まさにそこで、『ビリーバーズ』の最もアイロニカルな批評性が発揮される。

「議長」によるなら、天然自然の性的なものに目覚めたはずの男女二人は、「孤島のプログラム」の「最大の禁止事項」を侵犯した。女は依然として性的な経験を告白せずに隠蔽しようとするのであるが、男は「二人の同意」に基づき性的な関係を取り結んだと告白する。それに続いて、女もそのことを認める。ところが、「議長」は納得しない。無人島譚にお決まりの俗情のラインを一切無視して進めるが、「議長」の批判によるなら、男は、男女対等に合意したと思い込んでいるが、実は、女が自発的に同意したと語るようにコントロールしているのだ。女は、男に非対称的・権力的に支配されているにもかかわらず、自ら自発的に同意したと思い込んでいるが、そのように思い込まされているのだ。そして、俗世における対等平等性こそがマインドコントロールの成果なのであり、そのことを性的なものに持ち込んだことが「最大の禁止事項」の侵犯であると、「議長」は糾弾するのである。男は深く納得する。そして、男は、「死ぬ気」で浄化を目指すようになる。では、その「オペレーター」は何を目指すのか。
課題は明白である。絶えずマインドコントロールの嫌疑をかけられる限りでの性的なものを終わらせることである。あるいはむしろ、その類の嫌疑をかけ続けて男を支配する権力を終わらせることである。したがって、「オペレーター」は、「議長」を殺して、「副議長」と二人きりになることを夢想する。非対称性を告発する非対称的な支配権力の首を刎ねて、女と二人きりで、真の無人島譚を始めることを願望する。「オペレーター」は、自給自足の孤島、アリストテレス的な「理想の国家」を目指し、そのための「全的な自己形成」を目指すのである。そして、精神的にも肉体的にも自足した政治的人間へ生成変化していく。[*3]
このように、『ビリーバーズ』では、出発の日を迎えるための二種類の主体形成、すなわち、霊的人間への生成変化と政治的人間への生成変化が取り出されている。ところが、私の見るところ、それら二つの主体形成のプロセスが、それとしてドラマを作り出すことはない。言いかえるなら、それらが破綻する結末へいたるドラマを描いてはいな

＊3　あるいは、こうして「男女間の恋愛と結合が「宗教」に祭り上げられる」（エンゲルス『フォイエルバッハ論』）。もちろん、昨今の「宗教」は虹色をしている。

い。その限りで、『ビリーバーズ』は、〈事件〉の批判に成功してはいない（あるいは、その積もりもない）。そこで、『ビリーバーズ』は、外部からの批判を持ち出してくる。

ゲームの上がり、ゲームの終わり

「議長」は、「副議長」と「結合」する夢を見る。それは、低俗な淫夢ではない。その夢が告げるのは、「孤島のプログラム」における最高の境地、美しく崇高な愛である。「議長」は言い添える。「結合」して「子供を作る」、それは「新しい人類第一号となる」、そして「キミは僕と結婚する」、と。もちろん、無人島譚では避けることが約束事になっているこんな結末は決してやって来ない。「議長」は、「副議長」によって追い出される。

いまや「副議長」と「オペレーター」の二人きりである。これら男女は、「結合」ばかりの日々を過ごす。では、「新しい人類第一号」はどうなるのか。「副議長」の言うには、島に来てからずっと止まっていて「大丈夫」なのだ。とすると、初めから性と生殖は切り離され、性的なものは何も産み落とさず、それぞれの男のステージを上げるためにのみ位置づけられていたことになる。すなわち、一人の男は、女と「結合」して子を産み育てる結末を願いながらも、以前からの思惑通りに、女におのれの陰茎を噛み切らせて享楽を経験し、もって性的なものを超越して霊的人間へ生成変化していく。もう一人の男は、女と「結合」して、精神的にも肉体的にも幸福な境地に達し、島を封鎖国家として実現し、もって性的なものに内在して政治的人間へ生成変化していく。二人の男は、大筋では修行に成功していくのであり、そこには破綻する契機はほとんど見当たらない。[*4]

ところで、〈事件〉の事後的な批判についての世俗的慣行に従おうとするなら、二人の男をそれぞれの生成変化において破綻させなければならない。「孤島のプログラム」は失敗したに決まっているから、どうあってもそこに内在する欠陥を露呈させなければならない。あるいは、そう描けなくとも、そのように読まれるように仕掛けておかなければならない。

＊4　『ビリーバーズ』が宗教（原理主義）批判であろうとするなら（たぶん、その積もりもないだろうが）、セックス三昧の肉体性について、もう少し描き進めるべきであった。たぶん女に対して修行を課していないところに難がある。女について、俗世的な読み方を誘う描き方にとどまっているのである。堕落以前と救済以後の「性的」肉体性については、最近刊行されたミシェル・フーコーの『肉の告白　性の歴史〈4〉』を参照されたい。Michel Foucault, *Les aveux de la chair. Histoire de la sexualité 4.* Édition établie par Frédéric Gros (Gallimard, 2018).

ればならない。このような方針に従うように見える、いくつかのエピソードが挿入されている。「オペレーター」は、その夢が実現しかけたせいでもあろうが、夢が現実へと浸透し始め、夢と現実の区別がなくなり両者が「結合」し始めている。二人きりの男女は、潮だまりに迷い込んだイルカを殺して食っている。「副議長」も幻影を見始めている。しかし、それらのエピソードは、無人島譚の本筋をなすことがない。そして、ここが評価の難しいところだが、『ビリーバーズ』は、あたかも内在的な批判を諦めたかのようにして、外部が孤島を破綻させる筋立てをとっていく。

外部から、「第三本部長」が島にやって来る。「第三本部長」は隠れ転向者であるが、彼が言うには、「ニコニコ人生センター」はもう御仕舞いである。どうしてか。彼に言わせるなら、「先生」のプログラムが「社会問題」になったからである。では、「孤島のプログラム」が社会問題になることが、どうして問題なのか。彼に言わせるなら、過酷なプログラムの実践で「精神の壊れてしまった会員」が出て、それが社会問題になったからである。繰り返すが、どうしてそれが問題なのか。彼に言わせるなら、精神が破壊されて、夢と現実の区別がつかなくなり、見えないはずのものが見えるようになり、さらに、見えるはずのない「敵」までが見えるようになり、その「敵」を倒そうとする者が出たからである。繰り返すが、どうしてそれが問題なのか。彼の例示によるなら、見えるはずのない「敵」を倒そうとして、銭湯で包丁を振り回したり、路上で強姦しようとしたり、ビルの上から塩酸をばらまこうとしたりしたからである。言うまでもないが、それらは刑事事件ではあるし、社会問題でもあろう。では、その何がどう問題だというのか。その類の問題を論うことをもって、あるいは、その類の問題を権力的に決着させることをもって、どうして「孤島のプログラム」の破綻を事後的に説明できるつもりになれるのか。

続けて、「第三本部長」は告げる。これから信者全員が「安住の地」へ出発するために島へ集結するが、実は「先生」は全員の集団自殺を狙っている、とである。たしかに、それは由々しくも禍々しい問題ではあろう。ところが、『ビリーバーズ』は、「孤島のプログラム」が集団自殺を引き寄せるものであるとも、集団自殺に自発的に服する主体を形成するものであるとも描いてはいない。まして、生死の問題がそれとして扱われていないことに徴候的だが、「集団」自殺も集団「自殺」も内在的に批判されてはいない。まさにそこで、『ビリーバーズ』は、その集団自殺を阻止するためであるかのようにして、警察権力が島を奪取し制圧する次第を描いていく。生かしながらも死に廃棄する権力の降臨であるが、それは〈機械仕掛けの神〉を持ち出すにすぎないように見えてくる。ところが、その凡庸な結末を避けるためであろうが、『ビリーバーズ』は最後の最後になって、そのロジックを精確に読み取り難いので、いささか当て込みで書かざるをえないのだが、「孤島のプログラム」が〈機械仕掛けの国家権力〉の降臨でもって結末を迎えるというまさにそのことがゲームであると示唆するのである。

警察権力中枢の言によるなら、「ニコニコ人生センター」は、あるゲームを現実化しようとした集団であった。そのゲームの上がりは、ユーザー自身が、ゲームの中に現われて、ゲーム内部のキャラクターと「足を合わせる」ことである。そして、ユーザーとキャラクターが連れ立って「外」に出れば、ゲームオーバーとなる。想起するなら、『ビリーバーズ』は、三人の男女が足を合わせるシーンで始まっていた。とするなら、その名も「オペレーター」である男は、ゲームの中に現われたユーザーであり、そのときゲームを上がっていたことになる。残されたプレイは、連れ立って外へ出ることだけであった。ところが、メタゲームは終わってはいなかったのである。最後になって、国家権力が、ゲームのユーザーよろしく、キャラクターと足を合わせるべく、「孤島のプログラム」の中に現われたのだから。実際、国家権力は「オペレーター」を外へ連れ出し、刑事犯として独房に放り込む。そして、「オペレーター」は、今度は独房の壁と足を合わせて、「向こう岸」へ渡ることを夢見るのである。性的人間にして政治的人間である男は、その理想を投影する安部公房的な〈壁〉と連れ立って〈外〉へ出て行ってゲームオーバーとなるわけだが、それこそが〈ゲーム〉の一齣なのである。

この〈ゲーム〉は、一方で霊的人間や政治的人間を作り出し、他方でそれを外在的に問題化して打ち砕くゲームである。そして、「議長」が国外へ逃走し別の島を作ろうとしていることに注意して付け加えるなら、その〈ゲーム仕掛けの権力〉は、一方では、刑事司法的で安部公房的でもある〈壁〉によって政治的人間を囲い込み、他方では、霊的人間を非公式の〈敵〉として外に撒き散らしては内外でゲームを遊び続けている。『ビリーバーズ』が描く〈卓〉の上では、（メタ）ゲームが果てしなく遊ばれ続けており、（メタ）ゲームの終わりを「叫び出《い》づるもの」（啄木）は決して出て来ないのである。

初出一覧

はじめに（書き下ろし）

第Ⅰ部　身体的

第1章　不安のビオス、恐怖のゾーエー（『ユリイカ』二〇〇四年七月号）
第2章　デッドエンド・デッドタイム——一九七八年以来の現代思想における（『ユリイカ』二〇一三年二月号）
第3章　人形使いに対する態度——公安九課バトーと中山正巡査（『文藝別冊』二〇〇四年六月号）
第4章　サイボーグ時代の終焉——錬成陣の構築式を血肉化する生体（『ユリイカ』二〇一〇年一二月号）
第5章　No Sex, No Future——異性愛のバイオ化・クィア化を夢みることについて（『ユリイカ』二〇一五年一月臨時増刊号）

第Ⅱ部　精神的

第1章　奇妙な愛が、われわれを見放すときは決して来ないからには（映画パンフレット、二〇一四年）
第2章　夢でもし逢えたら、素敵なことね（『ユリイカ』二〇一六年三月号）
第3章　心理の主体、皮膚の主体（『ユリイカ』二〇一二年一二月号）
第4章　ロバの鳴き声——デカルト的白痴からドストエフスキー的白痴へ（『ドストエフスキー』河出書房新社、二〇一六年、所収）

第Ⅲ部　社会的

第1章　あたかも壊れた世界——犯人の逮捕と事件の逮捕（『ユリイカ』二〇〇四年九月臨時増刊号）
第2章　おフランスの現代思想ざんす——「真理の殉教者」としてのイヤミ（『ユリイカ』二〇一六年一一月臨時増刊号）
第3章　不幸を追求する権利（『映画芸術』第四五五号、二〇一六年春号）
第4章　モグラとサルの闘争——古谷実の反ブルジョア精神（『ユリイカ』二〇〇五年二月号）
第5章　ゲーム仕掛けの神——山本直樹『ビリーバーズ』を読む（『ユリイカ』二〇一八年九月臨時増刊号）

著者 小泉義之（こいずみ・よしゆき）
1954年札幌市生まれ。東京大学大学院人文科学研究科博士課程哲学専攻退学。現在、立命館大学教授。専攻は、哲学・倫理学。主な著書に、『兵士デカルト』（勁草書房）、『弔いの哲学』『生殖の哲学』『ドゥルーズと狂気』（いずれも河出書房新社）、『デカルト哲学』『ドゥルーズの哲学』（講談社）、『生と病の哲学』『あたらしい狂気の歴史』（いずれも青土社）など。共著に『ドゥルーズ／ガタリの現在』（平凡社）など。訳書にドゥルーズ『意味の論理学』（河出書房新社）などがある。

あたかも壊れた世界

批評的、リアリズム的

2019年2月25日 第1刷印刷
2019年3月10日 第1刷発行

著者――小泉義之

発行人――清水一人
発行所――青土社
〒101-0051 東京都千代田区神田神保町1-29 市瀬ビル
［電話］03-3291-9831（編集） 03-3294-7829（営業）
［振替］00190-7-192955

印刷・製本――ディグ

装幀――水戸部功

ISBN978-4-7917-7146-2 C0010